INDIA THEN AND NOW

An Insider's Account

印度经济史

内部专家的洞见

〔印〕比马尔·迦兰（Bimal Jalan） 著

张翎 译

中国科学技术出版社

·北 京·

India Then & Now An Insider's Account by Rupa Publications
Published by Rupa Publications India Pvt. Ltd 2020.
Copyright © Bimal Jalan 2020.
Simplified Chinese translation copyright © 2020 by China Science and Technology Press Co., Ltd.
All rights reserved.
No part of this publication may be reproduced, transmitted, or stored in a retrieval system,
in any form or by any means, electronic, mechanical, photocopying, recording or otherwise,
without the prior permission of the publisher.
The simplified Chinese translation rights arranged through Rightol Media.
（本书中文简体版权经由锐拓传媒取得 Email:copyright@rightol.com）

北京市版权局著作权合同登记 图字：01-2021-2982。

图书在版编目（CIP）数据

印度经济史：内部专家的洞见 /（印）比马尔·迦兰（Bimal Jalan）著；

张翎译. —北京：中国科学技术出版社，2021.12

书名原文：India Then and Now：An Insider's Account

ISBN 978-7-5046-9290-0

Ⅰ. ①印… Ⅱ. ①比… ②张… Ⅲ. ①经济史—研究—印度—现代

Ⅳ. ① F135.195

中国版本图书馆 CIP 数据核字（2021）第 222598 号

策划编辑	申永刚		责任编辑	申永刚
封面设计	马筱琨		版式设计	锋尚设计
责任校对	吕传新		责任印制	李晓霖

出　　版	中国科学技术出版社
发　　行	中国科学技术出版社有限公司发行部
地　　址	北京市海淀区中关村南大街 16 号
邮　　编	100081
发行电话	010-62173865
传　　真	010-62173081
网　　址	http://www.cspbooks.com.cn

开　　本	880mm×1230mm　1/32
字　　数	130 千字
印　　张	6
版　　次	2021 年 12 月第 1 版
印　　次	2021 年 12 月第 1 次印刷
印　　刷	北京盛通印刷股份有限公司
书　　号	ISBN 978-7-5046-9290-0/F·961
定　　价	69.00 元

（凡购买本社图书，如有缺页、倒页、脱页者，本社发行部负责调换）

前言

作为印度几十年来经济发展的见证者，我决定将自己写过的关于印度自独立以来的经济发展和成就的文章编辑成册。在整理材料的过程中，我主要有两点考虑：首先，在选材方面，除了经济、政治和管理等专业人士关心的内容，我还选取了普通读者所关心的话题。在本书中，你将读到我关于印度经济、发展策略制订、多重管理挑战、科技兴国、汇率管理和全球化等多个问题的论述。其次，在展望2025年以及更远的将来时，我希望这本书能够针砭时弊，对印度的政策改革有所帮助。

在整理书稿和挑选当今热门话题的过程中，我发现事情比自己之前设想的要困难得多。感谢萨蒂什·乔达里（Satish Choudhary）为出版手稿所付出的辛勤劳动，感谢K.D.沙玛（K.D. Sharma）的组织工作和热心帮助。

我还要特别感谢路帕出版社（Rupa Publications）保证了本书顺利出版。

引　言

　　本书共分为三个部分，十七个章节。这三个部分按年代和主题进行划分，每部分都选取了相应时期内，关于不同主题的文章。第一部分聚焦20世纪70年代，主要讲的是印度推进工业化发展的十年。在此期间，印度大力推行行业许可政策，出台了许多法规和行政制约措施，实施了高度管制的经济体制。鉴于印度长期被殖民的历史，以及战前工业国家与非工业国家之间不平等的贸易和投资模式，印度在独立之初形成了对经济体制的这种共识。不论是被殖民经历还是战前外贸形势，都促使印度在制定经济发展战略时，选择由国家主导的内向发展战略。第一章"印度的工业化发展"围绕上述问题，进行了详细阐述。第二章讲的是"探寻自力更生的发展道路"。第一部分的剩余章节，围绕如何保持印度经济发展的良好势头，针对新产业政策和总体发展战略，提出了一系列建议。第一部分各章的主要思想是，要改善印度经济的发展前景，并不意味着一定要降低对经济活动的政府管制和公众监督，而是意味着各项管制措施应当对实现国家的发展目标起到积极的助力作用。在发展中国家，行政管理能力的匮乏不亚于物质资源的匮乏，因此，必须把好钢用在刀刃上。如果对管制措施的监督管理不得力，不到位，那么继续管制下去将毫无意义。

第二部分"自由化和全球化的十年"关注的是20世纪80年代的印度。在此期间，印度经济发展的政策框架经历了从贸易保护主义向贸易自由化和全球化的巨大转变。本部分利用两章的篇幅，重点讨论了1988年印度国际收支出现严重危机期间的经济管理，以及在20世纪90年代初经济危机之后，印度推行新经济战略的必要性。剩余章节则讨论了印度金融监管体系中的具体问题，以及全球化背景之下印度面临的各种挑战，希望能为读者提供新的思考角度。

在1991年以前，印度金融系统发挥的作用是极为有限的，资源配置由中央政府统一掌控，金融市场的调配作用毫无用武之地。20世纪90年代之后，局面发生了剧变，所有发展中国家都开始尝试市场经济策略。与此同时，随着亚洲金融危机的爆发，各国都开始意识到，主管部门对金融市场的密切监管是必不可少的。东亚的一系列事件深刻诠释了金融部门与国家的工业化发展政策之间的相互作用、相辅相成的关系。正因如此，我们应该对那些防范系统性金融风险（例如巨额财政赤字）的经济发展政策予以高度重视。随着时间的推移，印度在资本充足率、信贷投放、收入及银行拨备要求等方面均采取了国际通行的审慎原则和做法，对金融体系和企业外部债务也设置了相应的审慎经营规则。

20世纪90年代，印度谨慎推进经常项目可兑换（current

account convertibility）和汇率市场化，开始全面系统地从计划经济体制向市场经济体制过渡。印度对短期债务进行了严密监控，对贸易债务和非贸易债务加以区别，并规定了不同上限；通过明确不同期限利率及利率上限，加强了对海外印度人外汇存款的管理。总体来说，印度的金融体系管理开始逐步与国际接轨，并被主要国际机构普遍接受，世界银行和国际货币基金组织（IMF）都准备好必要时给予印度贷款援助，以弥补其国际收支赤字。

第十二章"全球化背景下的管理挑战"讲述的是：印度自独立之后实行了长达几十年的行业许可和管制政策，当印度开始逐步清理并取消这些管制时，遇到了哪些问题，政府又采取了哪些应对政策。印度一方面放开了国内经济，另一方面又降低了关税，从而减少对国内经济的保护，致使国内工业部门同时暴露于内部和外部竞争当中。印度有能力通过落实产业激励政策，同时利用本土科技优势和成本竞争力，来应对上述挑战。久而久之，企业管理者为了扩大自身在国内和国际市场的份额，在重视消费者偏好、制定前瞻性规划和研究公司具体战略等方面的态度都发生了明显变化。

与历史趋势相比，这些新政策的效果是积极而显著的。从1992—1993财年到1999—2000财年，印度的年均经济增长率接近6.5%；国际收支情况日渐好转；经常项目赤字适中；外部债务在国内生产总值（GDP）中的占比和偿债负担也比20世纪90年代初期有了实质性下降。还有证据表明，印度的企业部门进行了大规模改组，更加重视产品的成本竞争优势和企业的财务生存能力。

第三部分"21世纪的印度"的各章关注的是21世纪的前25年中，印度在经济和治理结构等方面的热点问题。与1980年至2000年这20年相比，在2000年至2019年这20年中，印度的治理结构发生了翻天覆地的变化。2000年至2014年，印度共经历了三届政府的完整任期，其中两届由印度国大党执政，一届由印度全国民主联盟执政，但他们都只得到了少数党派的支持，在议会当中并不占多数席位。在这种情况下，政府想要推进基础性改革或改善治理结构，难度都会非常大。

在过去的2014年到2019年，印度人民党上台，执政党也首次占据了议会的多数席位，印度有多项迟迟未能推进的长期基础性改革，现在也具备了重启的条件。这些改革措施包括开征商品和服务税（Goods and Services Tax），尽管存在一些瑕疵，但这是印度自独立以来，经济发展史上最重要的改革之一。此外，政府还采取了其他积极措施，包括通过直接利益转移（Direct Benefit Transfer）计划向穷人发放补贴，大幅增加对基础设施的财政投入，吸引外国直接投资流入，推进劳动力改革，发起"数字印度"倡议等。

第三部分的第一章是"汇率经济学"，主要讨论了与印度的过去和现在都息息相关的汇率管理问题。在当前的全球背景下，印度储备银行（Reserve Bank of India）的汇率管理政策一直都是媒体热议的话题。截至2003年，印度的外汇储备大幅增加，目前已成为发展中国家中外汇储备最多的国家之一。实际上，在印度的国际收支平衡表中，绝大多数项目都趋势向好，这既反映了印度的经济竞争力越来越强，也说明了国际社会对印度经济增长充满信心。随着时间的推移，印度在亚洲金融危机背景之下所采取的汇率政策，已经逐步向一些国际普遍接受的观点靠拢，例如：（1）汇率应该是浮动的，而不是固定或与其他汇率挂钩的；（2）如果短期内市场走势不稳，国家应该有能力对汇率进行一定程度的干预和管控；（3）外汇储备应足够应对资金流入流出的波动，抵御流动性风险。

第三部分的"银行业的伦理道德"一章强调了从央行层面对银行业开展有效监管的重要性。银行在处理客户存款时，应该完全透明并严格落实问责制，这一点至关重要。银行应确保自身操作符合国际规范和行业准则，应公开披露其贷款业务，特别是那些通过重新安排债务为大型企业客户提供的优惠贷款。

除了银行业的伦理道德，本章还谈到了制定公共政策时涉及的伦理问题。关于伦理道德，大量文献都传达了一条中心思想，那就是在评判道德与否时，需要视具体情况而定。但不论情况如何，有三点是可以确定的：

（1）在民主社会中，坚持"法治"是对道德行为的最低、最基本的要求；

（2）如果政策措施或决策可以在不损害任何人利益的前提下，增加一部分人的福祉，就可以被认定为是"道德"的；

（3）政府在制定公共政策时，应该为"最多的人争取最大的利益"。

"公共管理与社会治理"一章强调了一个事实：在21世纪，印度虽然拥有更多的机会和更大的能力，但是在减轻贫困程度和提供最低社会保障方面，印度所付出的实际行动并不足够。根据联合国开发计划署（UNDP）提供的人类发展指数（HDI），2011年，印度在187个国家中排名134。为了提高印度的HDI排名，"公共管理与社会治理"一章讨论了新一届印度政府在未来几年中适合开展的几项公共管理改革与社会治理措施，例如减少用《反叛党法》分裂政党的内生动机，降低有犯罪记录者的从政概率，根除印度的官僚机构政治化，将落实政府公布的扶贫政策的权力下放给公共部门机构，等等。

如前文所述，多年来，印度在为穷人提供社会服务方面的进展相对落后。自印度独立以来，印度中央政府和各邦政府的首要任务就是加大基础民生设施建设，向全体印度人民，特别是穷人提供包括教育、医疗和营养健康在内的各项社会保障服务。然而，一些实地调查显示，中央和邦政府所发起的社会福利改革在执行的过程中，政策红利却大量流向了社会中的非贫困阶层。"繁荣的悖论"一章分析了印度社会机构的工作表现，讨论了印度政府对公共服务的预算支出等政策性问题。

与预算中的其他支出项目相比，印度中央政府和各邦政府在社会服务方面的支出一直相对较低。从2012年到2016年，该比例一直保持在GDP的6%左右。除了增加社会服务支出，同时减少财政赤字，有人还建议，在落实社会服务时，政府应当遵循三项一般原则：第一，政府应该将社会服务优先分配给穷人；第二，政府应该向穷人发放"现金券"，用于购买生活必需品；第三，政府应该让非政府组织（NGOs）参与农村和城乡接合部地区的拨款工作。此外，本章还就如何在食品、教育、医疗等社会民生关键领域让穷人受益最大化，提出了相关建议。

最后一章"展望未来"列举了本届印度政府可以在第二届任期的头几个月中启动，并有望在2—3年内全面实施的一些长期改革。在处理一些长期问题时，印度现在具备一个很大的优势，因为印度的经济基础非常强，而目前的经济形势比过去30年中的任何时期都要好。展望未来，印度政府应该遏制官僚主义，精简审批流程，让印度私营企业和国有企业基本上能够"凭自己的本事"发展。另外，印度政府的决策过程应该完全公开透明。顺着上述方向改革，很重要的一步就是强制要求各部委主动将政令公开，通过媒体或网站，向公众直接公布政府决策。

另一个当务之急就是重新界定印度政府在经济中的主要作用。尽管印度政府已经采取了一些重要举措，在一定程度上放开了国内生产和国际贸易，但印度仍旧是全球管制得最严的经济体之一。事实上，虽然印度推行了经济自由化，但其政府（包括邦政府）在各经济领域中发挥的作用其实越来越大了。

由多部委联合宣布的所有政策，都需要花很长的时间才能落实，尤其是在印度农村和不发达地区执行时，相关资金拨款需要在印度中央政府、邦政府、区政府之间层层划转。

在印度议会中占据着多数席位的印度人民党作为印度的执政党，就应从宏观经济层面采取措施，确保稳定的发展环境，鼓励竞争，打造强大的对外部门和透明的国内行政体制。印度政府所宣布的各项政策，都应该交由自治监管及执行机构负责落实。同时，印度政府在商业企业管理中发挥的作用也应当逐步减弱。

正如最后一章提到的，以上是为连任后的印度政府提供的一个相对简单的议事清单。如果在未来3—4年，这些政策改革可以成功启动，印度的经济增速和扶贫成效一定会随着时间的推移明显提高。

目 录

第一部分

001 **印度工业化的十年**

003　第一章　印度的工业化发展

020　第二章　探寻自力更生的发展道路

032　第三章　征不征税?

044　第四章　海外印侨的救赎

051　第五章　向新的产业政策迈进

061　第六章　制定发展战略，注重发展成效

第二部分

069 **自由化和全球化的十年**

071　第七章　印度经济概览

081　第八章　科技引领进步

090　第九章　经济快速复苏

101　第十章　危机后的发展战略

109　第十一章　金融和发展范式的转变

124　第十二章　全球化背景下的管理挑战

第三部分

133　**21世纪的印度**

135　第十三章　汇率经济学

148　第十四章　银行业的伦理道德

156　第十五章　公共管理与社会治理

162　第十六章　繁荣的悖论

172　第十七章　展望未来

第一部分

印度工业化的十年

第一章
印度的工业化发展

20世纪50—60年代，发展中国家的工业生产保持了年均7%左右的惊人增长速度。这个速度不仅较过去大幅提高，更令同一时期的许多发达国家望尘莫及。然而，工业化在帮助各国摆脱贫困的同时，也暴露出一系列问题，例如加剧经济和社会不平等、扩大地区差距、造成广泛的资源浪费、导致周期性国际收支危机、形成援助依赖等。

发展中国家的工业化尚处于萌芽阶段。尽管某些国家推进工业化的时间相对较长，但距离真正实现工业化，所有发展中国家皆可谓任重而道远。如何加快工业化进程？哪些行业应重点推进？推进顺序和具体手段又是什么样的？这些是绝大多数发展中国家正在尽力解决的问题，而答案却莫衷一是。

在思考这些问题时，总结过去的经验有助于我们探索未来的方向。针对这一时期各国工业化政策及成果，经合组织发展中心（Development Center of OECD）曾做过一次有趣的调查，正好帮了发展经济学家一个大忙。作为经合组织调查的一部分，阿根廷、巴西、墨西哥、印度、巴基斯坦、菲律宾等发展中国家及中国台湾地区均在研究之列，每个对象均由一到两名经济学家根据一手数据进行研究。除个体研究之外，伊恩·利特尔（Ian Little）、蒂博尔·西托夫斯基（Tibor Scitovsky）和莫里斯·斯科特（Maurice Scott）等学者还进行了一项关于工业化发展经验的比较研究。

在此，我们具体谈一下墨西哥、巴西和巴基斯坦这三个国家的比较研究。个体研究的内容主要包括了国家的总体经济发展情况，所采取的政策手段，以及这些政策对工业化发展的影响。上述三国的经济发展情况总体向好：墨西哥的年均增长率连续30年（20世纪40年代到60年代）保持在6%；巴西在20世纪60年代初之前的平均增长率为6%；巴基斯坦的经济增速虽然在20世纪50年代原地踏步了10年，但到了20世纪60年代，也提高到了5%左右。三个国家采取了极为相似的政策，都是通过高筑贸易壁垒，保护国内产业，强调进口替代。不过，相似的政策对经济增长模式的影响却各不相同。墨西哥的工业和农业齐头并进，出口领域也发展良好。巴基斯坦的工业发展较好，但农业相对落后。巴西的工业发展也不错，农业在一定程度上也算说得过去。上述国家的工业化政策都取得了成功，但与此同时，过度保护和进口替代措施的实施，也提高了国内各行各业的生产成本，导致许多国内行业都丧失了国际竞争力。

各国的比较研究是该系列研究的重点任务，它不仅收集了多个国家和地区各自的工业化政策成果，还在此基础上，提供了一套可能更有利于各国未来发展的备选政策。

值得一提的是，这些研究所采用的数据均截至1964—1965财年，等到1967年研究完成时，数据其实早已过时了。但是，它采用的分析方法对于今天的发展经济学而言，依然极具参考价值。

在所有研究对象中，印度读者最感兴趣的国家当属巴西。巴西是一个大国，面积比美国本土面积还要大，1971年的人口总量为9000万。1971年，巴西的人均年收入约为250美元，比大多数拉丁美洲国家都低，但高于发展中国家平均水平。在进行上述研究时，巴西已经积累了很长时间的工业化经验了；实际上，在"二战"结束时，巴西的工业产值在GDP中的占比就已经高达20%了。"二战"后，巴西在进口替代方面取得了相当大的成就，工业生产年增长率高达10%。与许多发展中国家不同的是，巴西的进口替代政策不仅仅局限于非耐用消费品和耐用消费品的组装，还包括各种各样的生产资料。

该研究报告不仅介绍了巴西在工业化领域的成就及其相关政策，还研究了巴西的钢铁、汽车、生产资料和纺织品等具体部门，并对这些行业的成本效益问题展开了讨论。这项研究得出的总体结论也十分有趣。虽然巴西不乏高效的钢铁、汽车和生产资料的生产商，但巴西也有许多效率极其低下的纺织品制造商。究其原因，可能是因为生产效率取决于最佳生产规模和现代生产科技，而纺织业作为一个传统行业，由于受到了高度保护，没有跟上现代化发展的步伐。

通过分析巴西的发展经验，可以总结出几点适用于所有发展中国家的有趣经验。首先，经济的发展往往取决于工业化速度和程度。工业化速度越快，国家的金融机构和劳动力基础的发展就越快，经济增长的能力也就越强。工业化的成果会进一步反哺工业化进程；而落后会导致效率低下，让发展举步维艰。或许，这就是所有这些国家都比较落后，而且在努力之后也依然落后的原因之一。

政府之所以要出手干预，主要是出于动态考虑：通过降低资源配置的有效程度，让国家完成生产结构的过渡，以期在未来提高收入。这就是经济发展背离自由贸易的道理所在。然而，如果长时间对贸易实施无差异保护，其实会造成普遍的效率低下。1971年，巴西和许多其他发展中国家一样，因过度贸易保护而阻碍了发展目标的实现。

其次是规模效应对提高生产效率的重要作用。巴西的案例研究表明，在当时的许多现代行业中，大型企业往往是最具国际竞争力的企业。多家钢铁厂提供的数据显示，规模经济使每吨生铁、钢锭和轧钢产品的生产成本分别下降了12.8%、16.5%和28.7%，截至1971年，钢铁产量从40万吨增至150万吨。同样，各国研究数据还显示，有许多国家都过于强调必须从国内采购原材料、汽车零部件或生产资料了。在巴西，假如国内采购的比重能够从95%的普遍水平下调至80%—85%，那么汽车制造业的高昂成本就可以减少一半。

在讨论印度的通货膨胀问题时，巴西的历史经验值得借鉴。巴西经历过很长时间的高通胀历史：1948—1952年，物价每年上涨10%；1953—1960年，物价每年上涨20%；到了1964年，物价甚至一年暴涨了90%。然而，在1960年之前，巴西的高通胀率一直伴随着经济的高增长率，相同的政策在刺激经济增长的同时，似乎也刺激了通货膨胀。收入从工资收入转变为利润收入，从私人部门转移到公共部门，带来了公共投资水平的提高。而到了1961—1970年，形势却急转直下：发展经济和工业化不再是首要任务；公共投资越来越少，而经常支出却迅速增加；政府的政策朝令夕改，前后不一，不仅引发了物价的持续波动，也中断了经济的稳定增长。巴西的惨痛教训给印度也上了一课：削减公共投资率既无助于经济增长，也不利于物价稳定。

巴基斯坦在经历了20世纪50年代的相对停滞之后，成了发展中国家中经济发展较为成功的典型。20世纪60年代，巴基斯坦的国民收入年均增长率为5%左右，制造业年均增长率为15%左右，而新兴制造业年均出口增长率则高达20%—25%。巴基斯坦所采取的经济政策手段主要包括外汇管制、高度贸易保护、进口许可和出口补贴。这些措施将大量的政府支出从农业部门和城市消费者的身上转移到了新兴工业家身上。尽管这不可避免地拉低了资源配置的效率，但总体来看，这些政策在提高生产率方面还是成效卓著的。

也有人不断指出，发展中国家现有的关税结构严重扭曲了进口替代格局，并导致了各行各业之间资源配置的失衡。然而，在巴基斯坦的案例中，这种配置失衡却并不严重。一个行业占国内供应的比重有多大，关键取决于其对国产原材料的依赖程度有多高，其对进口原材料的依赖程度其实是次要的。因此，关税结构并不是国内生产结构的重要决定因素。例如，国内生产在中间产品、投资及其相关产品的总供应中占比较低，主要是因为上述行业大多缺乏原材料，而不是因为进口竞争产品的关税相对较低。

从1940年到1970年的30年中，墨西哥经济一直保持着每年6%的增长率。这种出色的表现不是由工业增长单方面带来的。与其他发展中国家不同，墨西哥除了制造业出口迅速增长，这段时期的农业生产年均增长率也高达4.6%。与此同时，国内通货膨胀相对温和，让墨西哥成功维持了货币的可兑换性。就像其他各国政府一样，墨西哥政府也对经济实施了普遍干预，采取了强调进口替代的高强度贸易保护政策。尽管墨西哥也时不时被国际收支问题困扰，但从未因此而采取导致经济增长受限的措施。

各国工业发展的比较研究结果似乎让人感到沮丧。发展中国家的工业化战略似乎在很多地方都出了问题：国家虽然变得更富有了，但不平等也加剧了；虽然工业化程度提高了，但效率却降低了；虽然国内需求得到了更大的满足，但是对进口和援助也更加依赖了；出口发展普遍滞后，失业率逐年上升，农业生产也受到了影响。

比较研究最具价值的地方就在于，它分析了各国已采取的工业化政策带来了哪些不利影响。众所周知，发展中国家在许多方面并不完善，但某些量化数据的确让人震惊。包括印度在内的一些发展中国家，其实都发展了不少按国际市场价格计算附加值为负的产业，这种现象令人警醒。这意味着，兴办这些行业所需的进口原料的外汇价值，超过了将这些国内产品/成品出口到国外的外汇价值，也就是说，造成了外汇的直接损失和国民收入的直接消耗。研究报告还列举了20世纪60年代初的一些附加值为负的行业，如印度的皮革制品、自行车和有色金属行业，巴基斯坦的汽车、食用油和食糖提炼行业，以及菲律宾的冰箱、空调、电视机和一些食品行业等。

当然，有人也提出了反对意见，质疑关于"按国际市场价格计算附加值"的某些假设是否成立；例如，国内的汽车零部件厂商并没有将产品卖给国内汽车厂家，而是不受限制地用于出口，所以这样的假设与实际情况不符。但毫无疑问的是，由于各国不计成本地过度依赖进口替代品，已经造成了一些行业给国家带来的好处极小甚至毫无好处的事实。

在许多行业中，竞争保护的程度也很能说明问题。在没有反补贴政策的情况下，高强度贸易保护措施显然已经导致许多公司的效率低下，因为不论产品的成本多少、质量如何，国内的利润早已有了保证。产出增加，尤其是作为发展重要组成部分的人均产出的增加，主要来自技术效率的提高。如果由于受到了贸易保护，使公司不愿意改进生产方法、加强组织管理、加强设备保养，改善与技术效率相关的所有其他因素，那么发展经济的成本就必然会不停地增加。

而有人可能会说，有效的贸易保护会给制造业带来高额的利润（假设是应税利润），而不是低下的效率；这种保护的目的是将国际收支维持在较好水平，而不是去保护那些缺乏竞争力的行业。发展中国家都在保护自己的纺织、鞋类、皮革和家具制造等行业。发达国家的做法与之如出一辙，目的就是避免同发展中国家竞争。然而，研究贸易保护问题的重点在于发展中国家的保护程度过高，已经超出了实现发展目标的必要程度，在没有反补贴政策的情况下，这种高度贸易保护很可能让农业和出口遭受不公平待遇。

如果大家都认可重点扶持产业的存在是合理的，那么做比较研究的专家们也认同，农业受到一些不公平的待遇也是正常的。但令他们感到不妥的是，在所有研究对象中，这种不公的程度和影响过于严重了；在某些国家中，高强度贸易保护对农业造成的影响是破坏性的，导致农业出口收入大幅低于应有的水平。农民成为最大的输家，他们在购买生产资料时付出了高于国际市场价格的成本，而在卖农产品的时候，却赚不到按国际市场价格应该赚到的钱。

由于这些国家的大部分人口都是农民，在分配农业收入时，还会进一步加剧经济上的不平等。尽管一些国家的人均收入增加了，但农村人口的生活水平却下降了，巴基斯坦就是一个明显例证。

　　谈到政策的非预期效应，研究中有一个有趣的章节专门谈到了行政管制的效率问题。先不提专家们对行政管制的态度是否支持，许多研究对象的行政管制机制都显得形同虚设。由于关于贪污、腐败、以权谋私的传闻太多了，让人们对印度和其他许多国家产生了这样一种印象："与官员交朋友"已经成为这些国家生产中的第五要素。研究认为，反对腐败不仅是出于道德考虑，更因为腐败破坏了针对特定情景采取的措施的效果。例如，在包括印度在内的一些发展中国家，为了向富人多征税，细纱的税率会相对较高。然而，税务稽查人员经常被行贿，将细纱归类为粗纱，完全不顾及税收的减少。

　　而更大的问题在于，决策过程所耽误的时间会造成经济上的损失。要完成层层的行政审批流程，是需要花费很长一段时间的。通常，这会增加边际资本生产率（marginal capital-output ratio），也就是说，每多生产一单位产品需要投入更多的资金。于是，聪明的制造商在预见到审批将耽误很长时间之后，往往会扩大进口原材料产品的清单，从而增加生产既定产品所需投入的资金总量。如果不这样做，审批耽误的时间就会导致生产速度放慢，造成产能利用不足。所以，制造商为了稳妥起见，甚至在还没有做出投资决策时，就会申请进口更多的原材料产品，并申请更大的投资许可，先下手为强。

　　研究揭示了一连串问题，专家们普遍认为，这些问题都是政府政策过度依赖管控、强调行政干预、量化进口限额、实施高度保护的直接结果。专家建议各国恢复"开放"的经济，相信发展中国家通过简政放权，更多地利用市场定价机制，一定能从中受益。他们并不是反对政府干预或有意鼓励工业发展，而是认为鼓励经济发展的方式不该是"保护"政策，而应该是"促进"措施；例如，对劳动力就业进行补贴，提供培训设施及其他服务，改进体制，让行业能够直接享受市场带来的"外部"效益。

此外，研究人员们还制订了详尽的改革方案，其大纲内容包括：建议永久取消配额限制，并对所有进口产品（包括原材料和生产资料）统一征收少量关税，例如10%。调低关税主要是为了减少政策对国内贸易的保护作用，让关税作为一般财政体制中的一部分，尽可能地向国内的间接税看齐。虽然进口管制可以作为应对危机的一项措施，但是，汇率才是调节国际收支的主要手段。在那些正在设法解决通货膨胀问题的国家中，政府应该对汇率进行频繁的小幅调整，这项措施极为必要。

促进工业发展的主要措施包括，对大中型行业的劳动力进行补贴，补贴比例可以定为非熟练工人工资的10%—50%，具体数额视国情而定。如果政府认为某些行业具备特别重要的外部经济效应，就应该考虑予以额外扶持，不过这种情况并不多见。不论产出的消费品用的是国产原材料还是进口原材料，都应征税。通常，生产资料和中间产品无须征税。专家们并不是要在一夜之间建立起自由经济体制，而是建议通过一个循序渐进的过程，逐步推进上述改革。从取消进口限额开始，将汇率贬值到一个与最终方案相匹配的均衡水平。当然，这种贬值也将伴随着关税、出口补贴和税收等一系列调整，最终目标是将国内的物价稳定在调整之前的水平。通过逐步降低关税、出口税，在补贴的同时提高国内的间接税，然后逐步过渡到最终的价格框架，整个过程可能需要花费数年的时间。

是否认同专家们所提出的改革方案，主要取决于每个人自己的观点和价值判断。如果你也向往一个人人平等的世界，如果你也相信发展的本质是沿着一条稳定增长的道路前进，你就会发现该方案的可取之处。而如果你认为，工业化国家和发展中国家在贸易中的地位是不平等的，而发展是暂时减少当前收入的结构性改革，恐怕就难以认同这一方案。

根据研究中的证据，我们无法判断研究报告中提到的政策措施究竟是本身就不管用，还是由于各国在落实过程中出了问题，才导致政策的执行效果欠佳。比如，专家提供的证据表明，在20世纪前25年中，除了俄罗斯、美国、西班牙和葡萄牙等国，其他发达国家和发展中国家的贸易保护水平都很低。而事实上，虽然俄罗斯和美国的贸易保护水平较高，但是两国经济发展得都不错，而那些保护水平较低的发展中国家，经济却发展不起来。同样，就贸易保护对农业和出口产生的影响而言，为什么墨西哥和巴西的农业在高保护政策下依然表现良好，而巴基斯坦就不行呢？巴基斯坦和墨西哥的制成品出口都发展较快，而巴西的出口却举步维艰。可见，贸易保护水平并不足以解释上述发展差异问题。研究中还有一章介绍了韩国，中国台湾地区及中国香港地区之所以在产品出口方面发展出色，是因为它们不是简单地取消了关税，而是采取了更为明智的政策。

不过，这并不意味着许多国家的贸易保护水平并不"过度"，不需要进行关税结构改革。实际上，许多人都认同这一观点：为了提高效率，合理调整关税结构和适度降低平均保护水平对于大多数国家而言，都势在必行。

同样，谈到关税结构对资源配置效率的影响，在巴基斯坦的案例中，关税对投资模式并未造成重大影响。这其中的道理是，在采取了投资许可政策的国家中，私人投资在不同盈利水平的各行各业之间进行流动的可能性较低，因此，关税对于投资模式影响并不大。由于平均保护水平很高，容易受到关税影响的是投资速度，而非投资方向。但是，这并不意味着投资许可政策达到了预期效果，资源配置达到了最佳状态；只是意味着导致效果不及预期的原因未必是关税。

专家们指出，发展中国家之所以采取了进口替代政策，是出于对出口的悲观考虑，但是，强调了进口替代，也并未减少任何国家对进口的依赖。专家们的判断是对的。从绝对数值看，进口的确没有减少。但是，也没有明确的证据表明，与各国已实现的工业增长率相比，进口是否真的没有减少。各国的发展战略取决于它们对国际贸易机遇的看法，有些国家的态度可能过于悲观了。但是，将发展中国家作为一个整体来看，尽管它们的制成品出口在1959年至1966年每年增长约13%，但其出口总额（包括石油输出国）仅增长了6%左右。发展中国家在国际贸易中所占的份额也从1953年的27%下降到了1967年的19%；就连初级产品份额也从54%下降到了42%。就发展中国家整体而言，这种表现很难让人感到乐观。

也许有人认为，假如发展中国家当初采取了更为外向型的政策，可能会发展得更好；但是问题又来了，"更好"到底是多好？制成品仍然只占出口总额中的一小部分，即使它们以15%—20%的速度增长，也无法弥补食品和农业原材料等传统产品出口的停滞。对于一些国家而言，唯一可行的战略就是在加快工业化步伐的同时，适当减少自身对进口的依赖。

每个国家对待贸易机遇的认知和评价都不相同，对"开放"自身经济的态度也因国而异。而且，一个国家参与国际贸易的投入程度，很可能并不完全取决于眼前的经济成本和效益。有些国家的经济发展过于依赖于国际形势，或者其国民收入很大程度上依赖于一两种主要商品的出口，这样的国家为了减少自身依赖，有可能会愿意付出一定代价（例如经常收入的减少）。而另一些国家愿意付出代价的原因，或许是希望减少自身对某种特定产品或某个特定国家的依赖。例如，粮食生产自给自足应该是一个大家都认可的普遍发展目标。在不提前做价值判断的前提下，是无法向所有发展中国家推荐一个放之四海而皆准的"开放"程度的。

通过定期调整汇率，或许可以规避一国的国际收支问题。但有趣的地方在于：收入增长又该达到什么样的水平？对许多国家来说，实现良好的国际收支平衡并不难——只要停止增长就行了！

有人建议，发展中国家可以先对本国货币进行贬值，再逐步调整关税补贴，这个建议未免有些一厢情愿了。要找到某个时间点上的均衡汇率是很困难的，更别提一段时间的固定汇率了。如果发展中国家采取了这样的措施，它们很可能会发现自己追求的目标是波动的，而货币也会持续贬值。

总的来说，研究报告中所建议的改革方案并不令人信服。劳动力补贴、调整汇率、关税结构合理化，这些政策建议在不同国家的实施效果也不可能一模一样。而且，研究中提到的过去各国实施工业化政策的经验，也并不能证明各个发展中国家应该放弃目前正在执行的发展战略。

如果这套方案缺乏说服力，那我们还能做些什么呢？显而易见，关于工业化的种种问题并不存在一个统一的"简单"答案，甚至连一个"复杂"答案都不存在。而且，不管采用怎样的政策措施，发展的道路永远都不可能是一条坦途。而抛开价值判断和体制不谈，一套更加理性的产业政策应该包含以下几点基本要素。

首先，在制定发展规划时，政策必须保持前后一致。应该对发展措施或政策所带来的影响进行全盘考虑，而不要孤立地去判断某项措施或政策在某个时期之内的阶段性影响。如果为了促进公平而推出一项政策，为了促进就业、投资、出口或进口又推出另一项政策，当两项政策同时执行时，有可能既无法促进公平，又无助于经济发展或经济独立。每项政策都是由不同层级的不同部门制定的，为了让这些政策相互统一，每个部门都应该对各自的目标进行清晰的表述，而不是笼统地说是为了"充分就业""社会平等""进口替代"，这一点至关重要。例如，推出一项以就业为导向的政策，并不意味着但凡一个新的项目能够促进就业，政府就一定要大力支持；它只意味着与其他项目相比，这样的项目更有优势而已。至于该项政策的优势有多大，对其他改革目标会造成何种影响，这些问题不该从技术层面去加以分析，而是需要其国家领导人从制度层面去考量，而后做出决策。

其次，必须承认的是，无论一个人打算做什么，都应该首先确保预期的收益大于成本。为此，必须对工业发展政策所带来的社会成本和效益进行分析。而发展中国家往往会忽视这一点。所以，与高强度贸易保护水平相比，在选择项目时考虑不周，大概更能够解释为什么许多粮食项目在技术上和经济上都不划算。无论是什么样的保护主义或国内发展战略，都不可以为一个实际消耗大于产出的工业项目开脱；但许多国家或多或少都开展过此类项目。必须强调的是，社会成本效益分析与公私部门资源分配、管制或规划程度等争议并没有关系。所有的经济活动都会带来一定的社会成本和效益，为了确保项目的效益大于成本，必须先对其社会效益进行量化评估。

再次，不论一个人对价格机制或管制措施的配置效率看法如何，只要使用了资源，就必须注重效率产出。一旦做出了生产某种商品的决策，在生产单位产品时，如果实际使用的资源大于产出价值，就是没有意义的浪费，除非你多付出的额外成本可以在其他项目上创造更多的收益。比如，在市场规模一定、一家工厂就足以满足需求的情况下，有些国家还是会支持、有时甚至是坚持建造大量的工厂，认为这是一种实现规模经济效应和降低生产成本的好办法，而这些为数众多的工厂中的每一家都没有达到最佳产能，其存在的合理性只是在增加区域平等或分散所有权等方面有些许体现。不过，只要仔细观察就不难发现，这些好处其实并不存在，因为上述工厂要么都设在较为发达的地区，且都是同一群老板开的，要么其建设成本已经远远超出了其带来的社会效益。

最后，认可经济活动的合理性并不意味着一定要降低对经济活动的政府管制或公众监督；而是意味着各种管控措施应该保持一致，且必须有利于国家发展目标的实现。在发展中国家，物质资源极度匮乏，但行政能力则更为欠缺，所以必须把好钢用在刀刃上。很遗憾，如果对管制措施的监督管理不得力，不到位，那么继续管制将毫无意义。

综合考虑上述建议可知，国家在追求发展目标时，一定要关注项目合理性，树立成本意识，这样一来，就可能避免在印度等发展中国家普遍存在的资源利用效率低下等问题，从而加速工业化进程。

第二章
探寻自力更生的发展道路

20世纪60年代,所有发展中国家都在纷纷制订自己的可持续发展规划,力争依靠自身资源,实现不错的投资率和经济增长率。"最终"实现自力更生,是当时各国在一般性规划和发展战略中确定的明确目标。不过,有的国家也曾在尚未实现自力更生发展目标或发展水平远低于自身远景规划的情况下,就做出了终止援助的决定。这种做法或出于对未来援助可能性的真实评估,或出于对国内或国际的形势考虑。这就要求该国在经济发展方向上做出中期调整,采取能够在中短期减少自身对外依赖的政策。

自力更生发展目标的详细定义

不同的人对"自力更生"一词的理解也不尽相同。当"自力更生"被用于表述一国的发展目标时,首先就应该用更加具体而量化的术语定义其内涵。从某种意义上讲,"自力更生"指的是,在一个国家或国家内部实现自给自足的发展目标。换言之,就是要尽量减少该国的对外贸易或国内贸易。当我们将一个"自己种菜自己吃"的地方形容为"自力更生"时，当我们提出将进口替代作为实现"自力更生"目标的措施时，就是要表达这层意思。因此，一个国家在粮食和其他基本商品（例如钢铁和化肥）上能够自给自足，往往就等于实现了自力更生。

从另一种意义上讲，自力更生亦可以理解为援助清零，不论是总援助，还是净援助。所有发展中国家在制定"自力更生"这一发展目标时，都暗含了"有朝一日，援助清零"的意思。国际社会一般会将发展中国家的偿债能力与援助条款联系起来，这种共识同样也暗含了这层意思。对于那些长期举债的国家而言，总援助和净援助的差额可能会非常大。而以净援助清零作为标尺来判断自力更生与否，是奇怪而令人费解的。因为在进行援助谈判并做出援助决定时，谈的几乎都是总援助。如果以净援助清零作为标尺，很可能会造成一种自相矛盾的现象：一个被判定为"自力更生"的国家，对新增援助的需求却越来越大！随着时间的推移，当一国的新增援助流入逐渐减少，而偿债负担日益增加时，就会出现这种情况。在未来的某个时间点，当两者变得相等时，该国就必须寻求更多的新援助，以履行其日益增加的偿债义务。不然的话，该国很快就会从"自力更生"变为入不敷出了。可见，以净援助为标尺并不恰当，更好的办法是以"总援助清零"为标尺来判断一个国家自力更生与否，并选择恰当的时间跨度来实现这个目标。

选择恰当的时间跨度，对实现自力更生目标具有至关重要的操作意义。援助在不被贪污的情况下，一般要么用于消费，要么用于投资新项目，要么用于维持现有的产业结构发展。因此，在其他条件不变时，援助清零很可能会影响收入增长或投资增长，或者两者兼而有之。而且，一边是经济和投资增长，一边是援助水平和持续时间，政府很可能需要在两者之间进行明确取舍。许多人一心希望早日实现自力更生，但选择恰当的时间跨度，不是光制定一个短期目标的截止时间这么简单，必须对不同时间点的投资/增长率进行仔细权衡和评估，而后才能做出正确决策。

但有时候，由于国内的现实原因，或援助决策不由受援国控制等情况，受援国可能没有办法去选择时间跨度。在这样的处境中，对于受援国而言，最关键的问题就在于其国际收支适应新情况所需的时间。为了调节国际收支，该国可以向国际货币基金组织等国际机构申请短期贷款，或者动用外汇储备。但是，这种调整所需的时间，可能会比援助期更长。因此，根据国际收支问题的严重程度和复杂程度，该国可以有选择地让国际收支在援助到期之后出现赤字，再利用短期贷款或外汇储备促进收支平衡。这相当于有效"拉长"了实现自力更生的时间跨度。

不管时间跨度具体有多长，在没有其他的经济发展目标需要同时实现的情况下，自力更生显然应该是最容易实现的目标了。不论是发达国家还是发展中国家，都会制定一系列的发展目标，援助清零的决策有可能会影响到其中的某个或多个目标。因此，在考虑自力更生的政策框架时，有必要明确，具体有哪些依赖于援助的最低发展目标是需要同时实现的。例如，某国可能一直在依靠援助来增加"基本"消费（如粮食进口），发展工业生产（如原材料进口），并投资新项目（如购买生产资料）。如果援助清零，很可能会影响上述领域发展目标的实现。所以，该国在规划自力更生方案时，应全盘考虑，在不同目标之间做出必要的权衡，比如在新的投资和现有行业的产能利用率之间进行取舍。在某些依赖援助的国家中，如果将所有领域的最低发展期望值相加，有可能导致在所选择的时间跨度中无法实现自力更生目标。在这种情况下，该国要么可选择降低某些领域的发展目标，要么就需要延长实现自力更生的时间跨度。

实现自力更生的政策措施

要在一定时期内实现自力更生目标，就需要采用能够提高储蓄率（高于接受援助时的储蓄率）且能改善国际收支的政策框架。有时候，实现这两个目标其实是一回事，比如扩大贸易顺差，以提供大量投资资源，或者减少消费品进口，以增加国内储蓄。不过，在某些情况下，也需要对储蓄和国际收支分别采取相应措施，比如通过减少投资品进口，以弥补国际收支赤字。

在讨论具体政策措施之前，还需要进一步强调以下三点：

一是本讨论只关注对自力更生目标的实现能够起到额外推动作用的政策，也就是说，采取这些政策能够比不采取时，更有效、更快、更好地实现自力更生目标；二是那些在中短期确定能够带来好处的政策，从本质上要优于那些在未来不确定能否带来好处的政策，因为在积极追求自力更生的过程中，发展中国家有些意外发生的国际收支危机（以及债权人后来采取的纾困操作）有可能因为发达国家的干预而及时避免；三是本讨论仅限于从实体经济中切实可行的政策范围内进行选择，不讨论为了满足一般均衡所需条件，理想经济体所采取的那些"最优"政策。当我们从经济层面讨论诸多公共问题时（尤其是讨论位于"某地"的他国问题，而非自身问题时），由于受到价值观偏见的影响，那些有利于促进优先经济体制或优先经济组织形式的政策，往往在客观操作的伪装之下更受青睐。在接下来的讨论中，我会尽量避开关于某类政策的价值一定大于其他政策的假设，不过也必须承认，一个国家完全有可能出于相同的考虑，而合法地回避某些现成的选择。

当政府迫切希望实现自力更生时，总是习惯性地寄希望于出口和进口替代品的快速增长。虽然我们难以对此类政策提出反对意见，但问题在于，这两种措施的实施过程和结果，往往并不在政府的可控范围之内。这里的问题不在于出口能不能增长，也不在于进口替代的速度能不能加快，而在于同采取自力更生政策之前的预测增长率相比，其增长速度能不能获得实际提高。这些政策在某些国家中是可行的，但在另一些国家中就未必了，成功与否主要取决于两点：一是该国对进出口的预测是否乐观，二是实现自力更生目标的时间跨度。最初制定的目标越高，规划的时间跨度越短，则完全依赖政策来实现目标的可行性也就越小。因此，除非能够确切证明如何加速出口和进口替代的增长，否则，光靠几条政策就能实现自力更生，恐怕并不现实。

也有人时常会建议，只要一国愿意采取"真实"或"均衡"汇率政策，其出口增长率就可以想提高到多少，就提高到多少。然而，经济形势是不断发展和变化的，且不说均衡汇率这种理论概念具备多少有效性，单就建议本身而言，其效用恐怕就十分有限。所有发展中国家是不可能同时采取这种政策的，因为它们的大部分出口产品不仅无法与工业化国家的同类产品竞争，而且需求弹性还很低。此外，对于任何特定国家而言，只有当出口在经济中发挥极其边缘的作用时，才可能将"以外国人愿意支付的任何价格出口"当作一种可行的选择。否则，一旦贸易条件恶化，必将造成严重的福利和收入损失，反而弄巧成拙。

进口替代的可能性主要取决于三个方面：一是现有进口产品的构成；二是该国所处的经济发展阶段；三是国内生产对于进口的依赖程度。在所有依赖援助的国家中，除了农业和基于资源的制造业，国内生产对进口的依赖程度可能会很高，不论是原材料投入，还是启动资金，皆是如此。基于当前的进口结构，如果进一步实现进口替代只能依靠那些发展时间较长的行业，那么这个问题就变得至关重要了。在初期阶段，对进口的绝对依赖可能只会增加，而不会减少。因此，只有在最不发达的国家（进口替代产品种类较为单一）或高度发达且经济结构多样化的国家，才有可能在短期或中期通过加速进口替代实现自力更生。

如果一国无法通过增加出口或加强进口替代的方式实现自力更生，就应该考虑采取其他措施，促进国际收支"由逆转顺"，例如：（1）改变不同行业的优先发展次序，以减少单位投资/产出对进口的依赖程度；（2）在现有投资框架下减少进口（区别于进口替代）；（3）对现有贷款的偿债义务进行债务重议。

回顾历史，第一个选项往往是面临"外汇管制"的发展中国家的首选。然而，不论具体国情如何，在选择之前必须考虑的是，这项措施是否能够在国家既定的发展战略框架下改变行业的优先发展次序，是否符合国家的长期发展目标，是否与既定发展战略背道而驰。如果将优先发展行业从重工业调整为轻工业，或从工业调整为农业，是违背国家发展战略的，那么，该措施所影响的就不只是经济的发展速度了，更影响了发展的实质内容。这无异于寅吃卯粮，因此必须加以抵制。

有计划地削减进口，纵然艰难，但也是大多数国家在应对国际收支危机时，可在中短期采取的最为行之有效的措施之一。危机当前，这样的措施难免会拖累经济发展，因为国家在全面或逐项削减进口时，其实忽视了不同行业之间的关系和一些微观的经济成本。在没有援助的情况下，最好能够在一段时间内，将进口维持在较低水平，以确保既定的进口水平对经济发展的有利影响能够得到最大化。当然，何为"对发展的有利影响"，各国看法不一，自行确定即可。对于那些已经将进口降至最低的国家而言，它们很可能不得不两害相权取其轻：要么影响现有的行业发展，要么影响经济长期发展所需的新投资。

对于希望尽早实现自力更生的国家而言，对现有的发展贷款进行债务重议，应该是一个明智的选择，尤其当一国已经负债累累时更是如此。但是，债务重议的形式有很多，其中也不乏一些是弊大于利的。因此，成功的债务重议应遵循以下条件：一是债务重议范围应包括所有的发展贷款。根据贷款来源或条款进行部分重议，很可能会在各援助国之间制造更多的债务分担问题，反而不利于解决问题；二是债务重议应该涵盖尽可能长的时间；三是重议贷款的利率应接近于零。

债务重议的成功与否，取决于债权人的态度。在过去，债权人的态度并不重要，债务重议主要是为了应对债务危机，对受援国予以短期纾困（印度除外），通常还会附带严格的纾困条款和条件。在某种程度上，债权人的这种态度与受援国管理不善不无关系。事实上，许多经济危机的产生，都是由现任或前任政府的严重管理不善造成的。

但是，以自力更生为前提的债务重议则与过去截然不同。债权人一般不会认为受援国政府会管理不善，因为倘若真的如此，债权人必然会减少对未来援助的承诺；所以，可以想象，债权人对受援国加以约束的意愿也不会像从前那样强烈。债务重议一定会对债权人的收入造成一定损失，但与彻底停止援助相比，这样做的收益还是会强出不少。如果因为其他原因（或偏见），债权人不愿意进行债务重议，那么受援国采取单方面行动也不是没有可能的。

总而言之，实现自力更生所需的配套政策因国而异，主要取决于各国制定的发展战略、当前所处的发展阶段、发展的时间跨度、进口产品的构成等。对于某些国家来说，政策的选择会相对容易；而另一些国家就只能在充分权衡利弊之后，进行艰难抉择了。但在大多数情况下，如果一国已经将自力更生确定为发展目标，并打算采取政策加以落实，那么除了鼓励出口或加强进口替代，其实还大有可为。

印度案例

与大多数发展中国家相比，印度在制定政策框架时，更注重将政策与远景规划目标结合起来。印度从来不惧外部环境和暂时的困难，不论是每次推出五年发展规划时，还是做出资源配置和优先发展决策时，印度都充分考虑了独立之后制定的长期发展战略。然而，在接受援助这一重要问题上，印度却一反常态，不仅缺乏明确的战略方针，而且对于是接受援助还是坚持自力更生，也举棋不定；根据具体援助要求和其他条件，印度每年的态度都不一样。

在制定第一个五年规划时，印度对援助的态度主要基于三点考虑：一是印度有大量的英镑储备，加上出口创汇，应该能够满足发展规划的外部需求；二是苏联在不依赖外部援助的前提下，也成功制定了发展规划；三是印度希望在外交上发挥积极作用，并在可能的情况下发挥一定的制衡作用。因此，印度不会为了获得援助，而去冒受到外部干预的风险。所以在第一个五年规划当中，印度坚定地（高调地）提出了自力更生的发展目标，只允许外部援助在印度的经济发展中发挥极小的作用，并规定了"只有在不附带任何条件且完全不影响印度在国际事务中采取独立方针的情况下，才会接受外部援助"。在印度"一五"规划期间，印度申请并获得的援助金额很少，仅为2.04亿卢比。

随着印度的英镑储备逐渐下降，印度出台的第二个五年规划对资源的需求却急剧增加。1958年，印度出现了国际收支危机，从而彻底改变了其对援助的态度。危机期间，印度在"二五"规划的头两年就损失了50亿卢比的外汇储备，世界银行随即组建了援印财团（Aid India Consortium），成功避免了印度对外融资的完全中断。这次经历对印度执政者产生了深远影响。印度对援助的态度从谨慎转变为坚定支持，在"二五"规划期间，印度原定接受80亿卢比的援助，而最终却使用了150亿卢比，约为规划投资总额的21%。

印度对援助的欢迎态度，充分体现在其财政规划上：在

"三五"规划期间，印度计划（并接受）了220亿卢比的援助（约为规划投资总额的36%）。关于对巨额国际援助的依赖，印度的解释是："不论从受援国还是援助国的角度来看，这都是有利的，因为在相对较短的时间内规划大量的外部援助，总比在不确定的时期内规划数额不一且存在不确定性的援助要更好一些。"然而，印度的"三五"规划恰好赶上了援助国的"援助疲劳期"，由于援助机构对受援国的经济政策过度干预，导致援助关系日益紧张。在印度"三五"规划期间，卢比贬值到了极点。到了"三五"规划的最后三年，印度的经济举步维艰，印度对援助的幻想彻底破灭，不满之情日益强烈。

印度在制定第四个五年规划时，其获得的国际援助越来越少，而偿债压力却与日俱增。而国际社会也对援助前景普遍悲观。基于这些因素，印度的"四五"规划针对援助问题，首次明确了援助清零的具体日期。债务的还本付息净额应在"四五"规划结束时（1980—1981财年），从现有水平减少一半。有趣的是，印度"四五"规划的目标在1971—1972财年完成，而援助净额在第三个"年度规划"期间就实现了减半。

这种所谓的"自力更生"，完全是由印度政府之外的债权人决定的，这种"自力更生"伴随的不是国内储蓄的增长，反而是储蓄的严重不足。国际收支并非受制于为了满足高经济增长背景下日益增长的进口需求而导致的出口猛增，而是受制于因投资和工业生产快速下降而导致的进口大幅下降。

印度之所以强调自力更生，就是考虑到自身的这种困境。

很明显，单纯实现名义上的自力更生还不够，要想实现真正意义上的自力更生，就必须为了实现发展目标而采取相应的配套措施。因此，重新界定自力更生及其他发展目标是一项重要工作，不仅要加强目标实现的可操作性，还应确保政策措施与其他发展目标相一致。

第三章
征不征税？

众所周知，在印度这样的发展中国家，企业税的指导原则就是通过向企业征税，实现税收最大化。当然，向企业征税也是有限度的。国家应通过合理设置税率和税收结构，允许并引导企业履行自身应该承担的经济职能。此外，人们普遍认为，国家应通过推行财税政策，激励企业实现下列发展目标：

1. 支持企业，尤其是"优先"发展行业中的企业充分发挥自身产能，加大生产和销售力度。同样，印度企业还应该加快总投资额的增长速度。

2. 企业所有权应该趋于分散，投资的增长也应分散到不同领域中。

3. 新增投资应该分散到更广泛的地区，尤其是发展落后地区。

4. 应鼓励企业在选择产品市场和生产技术时，更多地关注出口与就业。

此外，还有一些次要目标。但上面列出的都是最重要的发展目标，为了实现这些目标，印度在20世纪70年代专门制定了企业税收制度。在了解了以上背景之后，我们将分别从税基、税率、促进实现预期目标的税收优惠等三个方面，共同研究与企业税收相关的具体问题。应当指出的是，我们思考这些问题的最重要的目的是分析税收对私营企业行为所产生的具体影响及影响程度。可以推断的是，对于公共部门的企业而言，税率和税收结构并不是影响其经营活动的重要因素。

税基

税基的关键问题在于应该基于什么收税，是基于收入，还是基于财富，或者两者同时采用。目前，企业税的税基是收入（或更确切地说，是利润）。然而，相关的质疑声音也不绝于耳。有人认为，不论企业盈利与否，印度都应该向企业征税，并以企业使用的资本取代收入作为税基。实际上，早就有人提出了各种各样的理由，主张对那些使用了资本但效益不好的企业征税。其中的一个理由是，从税收体制上看，由于印度企业在纳税时可扣除利息支出，导致它们在经营时更偏爱使用借贷资本，而绝大多数的借贷资本都来自印度国有机构和银行。

在一个资本匮乏的国家中，以资本为税基其实是一个很有吸引力的提法，尤其当该国正在寻求增加税收资源新途径时，更是如此。同样，在当前的税收体制之下，企业偏爱借贷资本也是不争的事实。企业在纳税时可以扣除利息支出的逻辑在于，对于借款企业而言，利息与其他负债科目一样，均属于企业的成本。虽然这样讲有一定的道理，但也导致了一些问题，因为这种税收制度导致企业的借贷成本远远低于股权融资成本。

那么问题来了：是否应该采取财税措施，消除这种由制度导致的企业对借贷资本的偏爱呢？答案应该是肯定的。今天，即便是那些盈利企业，也不愿意减少借款规模，它们都更倾向于以高额股息或累积储备金的形式来分配利润。由于印度大多数贷款机构都是国有的，可以认为，许多财力雄厚的企业不愿意通过市场融资来满足自身更多资金需求的行为，已经对印度全面调动储蓄造成了不利影响。

假如有充分的理由去提高借贷资本的成本，去消除或至少在一定程度上减少目前印度企业对借贷资本的偏爱，那么，我们就可以考虑通过一些行之有效的措施，来实现这两个目标，比如：（1）提高利率水平；（2）以企业使用的资本为税基征收企业税；（3）对利息支出单独征税。上述措施的目的都在于提高资金成本。提高利率水平的确可以提高资金投资的成本，但令人困惑的是，此举却并不能消除企业对借贷资本的偏爱。因为随着借贷成本的提高，投资人对于最低利润率的要求也会随之提高。所以，当企业要获得一定数量的投资时，从税收角度考虑，借贷资本相对于股权融资的优势依然存在。

对企业的存量资本和利息支出少量征税也是可行的。这两种税都可以用来实现前文提到的目标。对企业使用的资本征税时，不仅可采取差异化税率，还应高于对借贷资本征收的税率。同样，对利息支出征税时，也会在现有利率水平的基础之上，增加企业借贷资本的成本，从而在一定程度上减少企业对借贷资本的过度偏爱。不过，对利息支出征税也存在一个弊端：对于不以发展为本的企业而言，这种税负可能无法激励企业去提高现有的资本利用效率。因此，为了便于行政管理，我们需要考虑的是，对企业使用的资本征税（根据借贷资本或自有资本制定差异化税率）到底是不是一个更合适的选择。

在引入上述税赋时，我们还需要考虑，是否应该适当地降低企业利润的名义税率。有反对观点认为，由于企业早就习惯了当前的税率水平，一旦降低了企业利润的名义税率，很可能会降低企业提高资金利用效率的意愿。更有说服力的反对观点则认为，不论将现有利润税率降低多少，都会附带利好那些在自身经营过程中使用资本较少的企业。总的来说，如果以企业使用的资本为税基征收企业税，最好以附加税的形式征收，而且规模宜小不宜大。

税率

关于税率的关键问题包括：（1）税率多高合适？（2）是否应该根据企业收入多少或支付能力强弱，采取累进税率？（3）针对所有权结构（如少数人持股 vs 多数人持股）、利润分配政策或收入来源（如公司间投资的收入）不同的企业，是否也应该采取不同的税率？值得一提的是，企业除了缴纳基本所得税之外，还需缴纳附加税。征收附加税的效果相当于将基本税率提高了一定的比例，理应与基本税率合并。但假如单独征收附加税是为了让税收制度有更好的说辞，就不应该从经济的角度加以阻拦。

关于印度企业所得税率，必须说明的是，尽管20世纪70年代的名义税率为55%甚至更高（当多数人持股的国内企业收入低于10万卢比时，所得税率为45%），但对于不同行业的不同企业而言，实际税率其实差别很大。1971—1972财年，在1650家盈利企业中，有1229家企业的所得税率为企业利润的42%左右；而某些行业集团公司的所得税率其实更低，例如海运（7.2%）、铝业（13.7%）、造纸（23.7%）和水泥（33.6%）等行业。实际税率和名义税率之间之所以存在差异，是各种财税激励措施造成的（发展退税是其中的主要措施之一）。为促进发展目标的实现而采取这些税收优惠措施是无可厚非的。如何判断当前的企业所得税率是过高还是过低，主要就是看在当前的税率水平下，企业是否能够从其净资产或实收资本中获得合理的利润。企业所得税的既定税率是否足够高，是否合理，主要取决于资金的机会成本、风险以及企业的经济职能等因素。一般来说，企业所得税率都是足够高的。1971—1972财年，盈利企业税后利润在净资产中的占比约为12.9%，税后利润（减去优先股股息）在普通实收资本中的占比为26.6%。这样的税后利润比例应该够高了，而同期的企业所得税的实际税率其实也并不高。根据以上20世纪70年代初期的部分数据，并未发现企业的净收益出现了恶化，也没有企业因为发展退税的取消而关门大吉。但是，政府仍需要根据税收结构的变化，时常关注企业所得税率水平是否合适。

至于是否应该采取累进税率，从税收结构上看，印度已根据企业的收入水平，在一定程度上采取了累进税率：当多数人持股的国内企业收入低于10万卢比时，所得税率较低（45%）；当少数人持股的国内企业收入低于20万卢比时，所得税率相对较低（55%）。在讨论采取差别税率的道理之前，我们应该首先考虑的问题是，应不应该采取累进税率。

累进税率是基于企业的支付能力制定的，旨在有效遏制绝对收入较高的大型企业。然而，反对采取累进税率的理由也不无道理：首先，收入与企业的资产息息相关；在许多行业中，发展技术是需要投入大量资金的，因此企业必须具备较高的绝对收入。其次，采取累进税率会激励生产过程中的每个环节都涌现更多新的公司，从而造成资金使用的浪费。最后，它还会成为企业实现产能扩张和规模经济的主要障碍。

总的来说，企业所得税采取累进税率，就如同制定个人所得税率表一样，似乎并不可取。但是，为小型企业提供税收优惠的提议还是应该认真考虑的。由于规模较小和较新的企业在筹措资金方面难度较大，想要实现进一步发展，只能主要依靠自身利润。而目前的现实是，税收优惠仅适用于规定收入水平以下的企业，但未必一定会令小型企业受益。需要斟酌的问题在于，在判断什么企业应该享受税收优惠时，企业规模应不应该成为更加合适的标准。如果真的这样做，势必会阻碍企业发展规模经济，因为一旦企业发展到一定规模之后，就不能再享受税收优惠了，由此导致的企业规模碎片化，极有可能造成资金的浪费。企业税收优惠应该基于规模还是基于收入，难分孰优孰劣。那么，我们能不能制定出既不会过分影响企业收入和资金使用效率，又能够实现既定的发展目标的简单易行的税收优惠规则呢？

是否应该对不同企业采取差别税率，主要取决于以下几点：（1）企业是由少数人持股还是多数人持股；（2）纳税主体是印度国内企业还是外企；（3）如纳税主体是由少数人持股的企业，它是否按照规定的股息率进行了利润分配；（4）公司间投资收入占比多少。

提高少数人持股企业的所得税率，主要是为了防止高收入人群为了避税而故意开办此类企业。但是，考虑到个人所得税的税率边际递减，这种说法难以令人信服。从行政管理的角度看，采取差别税率的另一个难点在于，难以判定一家企业究竟属于少数人持股还是多数人持股。虽然从经济学角度考虑，可以找到不支持差别税率的论据，但是支持采取差别税率的人依然认为，差异的存在更有利于促进企业发展成为上市公司，从而接受更多的公众监督和约束。

从政策的角度考虑，印度已经采取了相应的外商投资及股权稀释政策，可见针对外企和国内企业采取差别税率也与印度政府的意图一脉相承。另外，从行政管理的角度考虑，采取差别税率也至关重要。因为，印度如果想从那些获得了股息分红的外企人员身上征收个人所得税，其实是很困难的。所以，提高企业的所得税率，其实是变相让这些获得了股息的人补缴股息所得税的唯一方法。

税收制度对于企业分红的态度似乎有些难以明言。对于多数人持股的上市公司而言，它们更愿意保留利润，因为股东们在拿到了分配的利润之后，还需要自己再缴一次税，相当于双重征税。而对于少数人持股的企业而言，情况则恰恰相反：它们被要求按照规定的股息率进行利润分配，否则，未分配的利润就要缴纳更高的所得税。

在支持的声音当中，最有说服力的是利润分配可以让企业对利润的处置在公众监督之下进行。与此同时，反对的声音也不无道理：利润分配阻碍了企业积累资本，不利于企业依靠自身资源进一步扩大业务发展。当企业自己创造的利润可以用于业务发展时，企业的内生发展动力才会更大。总之，两种做法各有利弊，但总的来说，在分配还是保留利润的问题上，财税制度原则上还是保持中立为好。

虽然关于"对股息双重征税将导致企业更倾向于保留利润"的声音一直不绝于耳，但却很难在实践中证明这一点。既然企业在融资时，股息率不仅被视作反映企业财务状况健康程度的一个指标，还影响着公司股价，那么公司就一定会因承压而按照市场上的主流股息率进行利润分配，并没有人能够保证，进一步的税收优惠是否必然会增加企业的股息率。究竟是保留利润还是分配利润，其实更多地取决于企业的投资计划，而不是股息的个税政策改变。

其实，也有人认为目前"少数人持股的公司必须进行利润分配"是一条多余而无效的行政规定，因为印度政府总是会不断出台一些新规定，为某些行业或其他类型的企业提供大量的税收优惠。1973年的印度《税法修正案》取消了上述的部分税收优惠，尤其是针对那些投资金额在500万卢比以上企业的税收优惠，同时还将此类企业的强制股息率降至45%。对少数人持股的企业而言，强制利润分配的确起到了将企业对储蓄的分配曝光于公众监督之下的作用，而且还防止了企业逃税。无论在哪种情况下，在印度政府确定税率时，都是将少数人持股企业和多数人持股企业区别对待的，所以在做出关于强制利润分配的规定时，其实大可不必再增加任何行政管理上的复杂性了。不过，为了实现上述目的，有必要缩小税收优惠范围，并在决定一家企业是否应该强制进行利润分配时，缩小行政自由裁量权的范围。

最后，是关于公司间股息收入的税率问题。公司间的股息相当于降低了企业所得税率，因为在计算企业总收入时，企业从其他公司获得的股息收入可按规定比例予以直接扣除。印度国内企业的实际税率范围为28%—41%，具体税率视其所适用条款而定。要想正确看待公司间投资问题，还应该关注印度《公司法》对公司间投资行为的相关限制规定：一家企业最多可将其认缴资本的30%投资于其他公司（同一"集团"内的投资比例仅为20%）；此外，对任何一家公司的投资不得超过被投资企业认缴资本的10%。

由于许多行业都严重缺乏投资，而且已经阻碍了印度的工业化发展，因此，印度有必要重新审视关于公司间投资的税收政策，并斟酌是否应该根据当前经济形势，做出适当调整。其实，企业从一定程度上讲，也是拥有一些可投资资源的。但企业不能或不愿意利用这些资源去进一步扩大生产。那么印度就有充足理由，鼓励企业将这些资源投资到水泥、肥料、电力、造纸等关键行业。不论按照什么样的经济标准，如果能增加上述行业的产量，增产带来的巨大社会效益将远远超过因公司间投资活动的增多而加速产生的社会成本。这样的话，印度其实可以对现行政策做出调整，允许企业在关键行业进行公司间投资，不加任何限制条件，并提供优惠税率，必要时可低于现行税率。而针对非优先发展行业的公司间投资行为，印度可以取消现行的税收优惠，当企业通过股权融资对相关行业的公司进行投资时，应继续遵守现行的投资限制规定。这样的配套政策并不会给政府带来税收的损失，反而会鼓励企业更多地对优先发展领域进行公司间投资，显然要优于当前体制。

税收优惠

此外，还有一套税收优惠政策，内容相当全面，涵盖了多项改革目标。比如，新投资可享受为期五年的"免税期"和初始折旧免税额的优惠政策，以取代发展退税。企业在落后地区建厂投资的，可享受投资补贴及其他税收优惠政策。企业涉及传播技术知识、从城市繁华地段迁出工厂、从事研发活动、拓展出口市场的，也可享受税收优惠政策。

这些税收优惠政策还需进一步合理化。在税收体制中，假如企业但凡做一点有价值的事，就可以享受到税收优惠的话，那么，通过财税优惠促进任何发展目标的效果都会大大降低，因为企业总有别的选择。然而，如果对现有的全部优惠政策逐条回顾的话，每一条都是有道理的，而且必须承认的是，我们不可能取消其中的任何一条。所以，现在唯一的问题在于，是否应该继续新增税收优惠政策，以促进实现其他有价值的目标。

印度政府可以从下列三个目标着手，考虑下一步的税收优惠政策：（1）鼓励企业在优先发展行业进行更多投资；（2）推动出口发展；（3）促进就业。目前，为了鼓励企业加大投资力度，印度政府已经推出了初始折旧免税额的优惠措施。但也有人认为，该项优惠并未真正改善某些资本高度密集行业缺乏投资的局面。这些行业普遍存在着价格控制，出于这样或那样的原因，价格是不可调整的。针对这种情况，印度政府应该采取灵活的财税措施，进一步给予税收优惠。在这些亟待优先发展却受制于价格控制的行业中，由于充分考虑到成本上升，而无法对价格进行灵活调节，就应该从财政减免的角度，采取可行的税收优惠政策，具体包括：（1）对一定比例的利润直接予以税收减免；（2）折旧免税；（3）发展退税，也就是说，其实可扣除的折旧金额已经超过了投资金额的100%。从税收减免的力度看，后两项措施似乎比第一项更可取，因为通过鼓励投资所带来的效益和效果远比提高利润水平大得多。

为了鼓励出口，降低所有出口收入的所得税率也是可行的。这样的激励政策在过去其实也用过，但主要问题在于，它并不能起到刺激出口的作用，降低税率所造成的税收损失可能与其产生的效益完全不成比例。除了给予出口税收优惠，还可以对所有出口行业给予全面补贴，作为调整汇率之外的一种替代措施。

正如前文提到的，有些企业和行业的实际税率其实很低，在许多情况下甚至大幅低于平均水平。这种情况当然是发展退税及其他税收优惠造成的。印度需要考虑的是，能否对所有企业采取一个最低的企业所得税率，比如利润（扣除成本后）的15%。

第四章
海外印侨的救赎

　　海外印侨（NRIs）转入外汇的方式主要有三种：一是通过汇入外汇，将外汇转回印度，用于消费或长期投资；二是通过外汇存款，将外汇存入印度的银行或进行其他理财，日后再转回印度；三是用外汇进口货物，例如机械设备等。不论外汇通过上述哪一种形式转入印度，都会增加印度国内的外汇储备，但不同的方式对印度国际收支净额的影响是不同的。汇款增加了印度的外汇储备，印度政府可用于支出。因此，国际收支的净增值就等于汇款金额的100%。而境内外汇存款相当于境外商业贷款，因为在后续几年中，最初的资金流入也将被部分或全部抵消。但是，只要这些外汇中有一些最终留在了印度，印度的国际收支就会得到改善（与商业贷款相比）。至于进口专用机械设备，只有当进口的设备是必要的，且无论如何都必须进口的情况下，才能改善国际收支。如果此类进口设备只是在正常进口时附带的，尽管可以增加印度的总投资，但显然是无法改善国际收支的。

　　要想吸引更多海外汇款回流国内，印度自然应该采取为外汇回流创造便利条件的政策，减少阻碍外汇流动的因素，以免将回流的外汇推向黑市。虽然印度不可能穷尽所有的阻碍因素，但至少可以列举出其中一些重要阻碍因素。首先，海外印侨将自己的美元或英镑兑换成卢比时，正规交易商的汇率不及黑市汇率有吸引力，也不如进口商品划算。其次，海外印侨对卢比未来的保值性并不看好，因此，除了留有必要的日常开销之外，更倾向于持有外汇。

必须承认的是，在大多数发展中国家，由于外汇需求超过供给，是不可能取缔外汇黑市的，也很难阻挡通过进口商品转移外汇的行为。因为，只要民间存在对浪费的、非必要外汇支出的需求，就一定会形成专门用于流通外汇的黑市。换言之，无论汇率水平如何，在黑市上总是会有更优惠的汇率。基于这一事实，货币管理部门即便运用管理手段，也难以完全取缔外汇黑市。

汇入外汇

海外印侨正常的汇入外汇，除了用于在印度的花销，还可用于投资印度的企业。根据印度央行的统计，1969—1970财年，海外印侨的汇入外汇总额为9600万卢比，1970—1971财年为7000万卢比，1971—1972财年为1.04亿卢比（含估算的"未分类私人转账"项下汇款金额）。海外印侨对印度公司的投资相对较少，从1970年到1972年，年均投资额还不足1000万卢比。

鉴于20世纪70年代印度的汇入外汇很少，有人认为，有必要采取措施，使汇款的结汇汇率更具吸引力。从经济学的角度来看，在一些发展中国家，要想为汇入外汇提供更优惠的汇率，最简便的方法就是双重汇率制。也就是说，为某些交易项目的收款方和付款方提供更高的汇率。还有另一个办法也可实现这个目标，就是将汇入外汇纳入现行的商品出口现金补贴体系。这种措施当然提供了财务激励，但也有人认为，这些措施打破了利益的平衡。采用双重汇率制的主要问题在于，难以对结汇和售汇的不同用途进行区分。而且，双重汇率制至少会适用于所有的无形交易项目。同样，双重汇率制还可能会导致并最终实现汇率上涨的预期，也就是说，汇率会从低位逐渐涨到预期的水平。最后，就黑市交易而言，如果在无风险的情况下提供较高的汇率，很可能会进一步加剧外汇损失和低报出口的漏洞。

考虑到上述限制，在印度实行双重汇率制的作用可能并不大。鉴于汇入的外汇在流通时面临重重阻碍，就算印度真的采用了双重汇率制，印度的汇入外汇也不可能大幅增加。综上，为了鼓励汇入外汇而提供更高汇率的想法在印度并不可取。

外汇存款

20世纪70年代，海外印侨可在印度开立两种境内账户，即普通非居民账户和非居民（外汇）账户。在普通账户中，金额在5万卢比以下的本地支付业务不受任何限制。然而，如果没有得到印度央行的许可，海外印侨是无权将外汇和境外利润带回印度的。而在非居民（外汇）账户中，取出的外汇不仅可用于本地支付，也可转入账户持有人的居住国或使用相同外币的第三方地区。不同类型的存款不仅享有正常的应付利息，还可免征所得税。截至1973年3月31日，印度的非居民（外汇）账户总数共计9718个，总余额共计1.4亿卢比，其中，由英国、美国和加拿大的海外印侨持有的余额仅为2000万卢比出头，其余部分主要由居住在非洲和中东等其他发展中国家的海外印侨持有。

非居民（外汇）账户上的外汇可自由汇至原来的国家，无须额外的行政手续。从储户的角度来看，既可以将外汇存在印度的银行，也可以存在国外银行。因此，为了吸引存款，印度银行必须提供与外国银行相同的便利交易和服务。同时，存款利率也应具备竞争力。正如前文提到的，境内外汇存款相当于境外商业贷款，只要这些外汇中有一部分留在印度国内，印度的国际收支就会得到改善。

在汇率波动期间，印度也曾考虑过向存在境内银行的外汇存款提供汇率保障的可能性。但印度央行认为，这种汇率保障很可能会带来行政管理上的问题，还有可能被滥用。该方案还可能对印度政府的财政预算造成影响，因为印度政府将被迫承担汇率风险。还有人认为，该方案带来的外汇流入很可能与其付出的代价不成比例。因此，印度并未予以采纳。

外汇投资

在各种转移外汇的方式当中，吸引海外印侨对印度国内行业进行投资是上上策。在20世纪70年代，印度侨胞归国之后可以通过申请，获批进口CIF价格（即包含成本、保险费和运费的价格）不高于50万卢比的机械设备，前提条件是申请人用其在境外的外汇利润购买设备，并向印度央行提供自己的相关账户。此外，申请人还可获批进口价格不高于10万卢比的原材料和零件，以满足一至两年的经营需求。该方案还规定了一些限制条件，比如申请人的持股数量以及将利润汇出限制等。截至1974年4月，印度根据该方案签发了195个设备进口许可证，价值631万卢比。1973—1974财年，由于50万卢比的设备进口限额已无法满足需求，印度便将进口限额提高到了250万卢比。不过，印度在提高限额时，明确规定了该优惠政策不适用于印度政府规定的某些制造行业，具体行业以印度政府的最新规定为准。

到了1973—1974财年，250万卢比的设备机械进口的限额似乎已变得没有必要了。假如海外印侨获批投资的行业能够产生巨大的社会效益，而且无论如何都会发展起来，那么印度就没有必要对其投资额加以限制。相应地，原材料和零部件的进口限额也被提高到了50万卢比。

印度政府为了吸引某些关键行业的投资，还允许海外印侨将自己的外汇自由投资于水泥、纸张和化肥等优先发展行业，并免费发放相关行业的投资许可，手续简便，办理迅速。海外印侨还可以根据前文提到的方案，用自己的外汇收入进口设备。海外印侨与境内印度人合资办企，且对项目投资超过50%的，也可享受无条件审批。

批准海外印侨在自由贸易区投资，也是吸引外汇流入的重要手段之一。20世纪70年代，印度在古吉拉特邦的坎德拉和马哈拉施特拉邦的圣克鲁斯建立了出口加工区（export processing zones，EPZs），其中圣克鲁斯是专门为电子行业设立的。由于多种原因，坎德拉的发展不及预期，而圣克鲁斯的表现则令人满意。所有的权力全部归属于负责审议和批准投资申请的委员会。将权力下放给委员会，有助于迅速完成审批流程，否则想快是不可能的。

值得注意的是，在圣克鲁斯电子产品出口加工区有许多外商投资公司，其中有三家就是由海外印侨参与投资的。每家企业都具有相应的技术背景，这对项目筹备、吸引印度企业家和外商合作起到了积极作用。在新兴的出口导向型非传统行业中，海外印侨在确定出口产品、应用技术知识、采购原材料和海外销售等环节发挥了关键作用。在自由贸易区，海外印侨的投资和参与也享受着诸多审批和场地方面的便利。

总而言之，根据20世纪70年代海外印侨的外汇回流情况，我们可以得出下列主要结论，其中有些对今天依然有借鉴意义：

（1）通过现金补贴吸引汇入外汇的做法并不可取。该方案带来的外汇流入很可能与其付出的代价不成比例。

（2）海外印侨的进口设备限额应进一步放开，且税率不宜过高。海外印侨用自己的外汇进口原材料和零部件，用于创办企业或者满足经营需要时，应无条件批准。

（3）还应批准海外印侨将自己的外汇自由投资于水泥、纸张和化肥等优先发展行业，并免费发放相关行业的投资许可，确保手续简便，办理迅速。海外印侨与境内印度人合资办企时，也应享受审批便利。

（4）批准海外印侨在自由贸易区投资，也是吸引外汇存款回流的重要手段，应进一步加大推广力度，加快外汇回流。

第五章
向新的产业政策迈进

产业政策是实现产业领域发展目标的一种手段。因此，任何关于新旧产业政策的讨论，都必须以国家的产业发展目标为出发点。此外，印度的产业发展之路也并非"一张白纸"，所以在制定新政策的内容之前，我们应该先对过去的发展经验进行研究和分析。

发展目标

在印度这样一个劳动力过剩的国家中，就业被列为产业政策的具体发展目标之一，是理所当然的。不过，如果将就业当作唯一的发展目标，或者认为，凡是能促进就业的产业活动都应该支持，凡是不能促进就业的都应该反对，那可就错了。就业除了能够增加商品产出、满足消费需求，还必须为社会带来额外的收入。在生产过程中，投入劳动力、资本和原材料所带来的产品价值，至少应该高于这些材料及服务的成本价值。同样，除了增加收入，提高对可再生及不可再生资源的利用效率，也是印度产业政策的发展目标。举例来说，假如生产基本消费品所必需的棉花和甘蔗产量不足，那么，在忽略这一点的前提下，制定任何就业战略显然都欠妥。此外，产业政策还有一个目标，就是让人们拥有可用于未来投资的存款和资源。

保护国家安全，实现自力更生，同样也都是产业政策的发展目标。在某些情况下，就业目标可能会与其他发展目标相冲突。这时，必须从公共管理的角度出发，明确这些相互冲突的发展目标的"社会权重"，权衡利弊。从长远来看，如果忽视成本效益分析，很可能会对经济的潜在发展造成巨大危害。

1960年至1975年的历史经验

有一种普遍观念认为，在印度工业化发展的初期阶段，太过于重视工业发展了，尤其是重工业。可是，这种印象与1965年至1975年印度工业的实际发展经验并不相符。那时，印度财长在1974—1975财年的预算报告中指出："1965年以来，平均工业增长率仅为4%，而1956—1964年的年均经济增长率为8%，根据这一事实判断，1965年以来的十年很难被称作'工业化发展的十年'。"至于重工业，1966—1975年，机械设备的生产增长率为3.3%。就算将钢铁等基本金属行业包含在内，增长率也毫无变化。1960—1965年，工业增长率持续超过8%，机械设备的生产增长率则高达19%（包含基本金属的增长率为13%）。以农业为基础的工业（如纺织业、制糖业、茶叶业等）与农业一样，在1960—1965年及1966—1975

年的增长率仅为2%—3%。

当然，也有人提出了合理质疑：在印度这样一个发展中国家，追求较高的工业增长率是必要的，甚至可取的吗？回顾20世纪70年代与1960—1965年印度经济发展的主要特征，我们同样可以找到这个问题的答案。在印度的工业高速增长时期（1960—1965年），有组织就业人员的年均复合增长率为5.5%，而同期的储蓄率（储蓄在GDP中的占比）也在同步上升。相比之下，1965—1975年，就业增长率为2.7%，而在这十年当中（截至1975—1976财年），储蓄率却没有显著增长。

有人认为，要想在不发达的国家发展经济，一定要设法增加收入、提高储蓄率和投资率。如果这种观点是合理的，那么毫无疑问，国家的工业实现快速发展一定比停滞不前好。在制定以就业为导向的发展战略时，如果无法兼顾工业发展，并将工业增长率维持在足够高的水平，就不能称其为成功。在一个农业年均增长率最高为3.5%—4%的贫穷社会中，要想提高劳动生产率和收入，就应该推动工业的快速可持续发展。而有意思的是，与其他发展中国家相比，印度在工业发展方面的表现是相对较差的。大部分发展中国家的农业年均增长率为2%—4%，与印度自20世纪60年代以来的发展速度相当。但在工业领域，发展中国家作为一个整体（不包括高度计划的经济体）的年均增长率为7%，有些国家甚至在1965—1975年的年均增长率超过10%。相比之下，印度的同期工业年均增长率仅为4%。此外，各国的发展经验表明，在创造就业机会方面，工业增长率较高的国家往往比增长率较低的国家更加成功。

在1960—1965年，印度的发展还有一个有趣特点值得展开讨论。官方数据显示，在这一时期，印度的贫困程度（以贫困线以下的人口数量来衡量）有可能加重了。而同期农业发展几乎停滞不前的事实，也解释了贫困加剧的原因。这说明，从中期看，仅靠提高工业增长率，是不足以摆脱贫困的。由于贫困问题主要集中在农村地区，因此，提高农业部门的劳动生产率，是解决贫困问题的必由之路。要想提高农村的劳动生产率，除了推进体制改革，还需要大幅提高灌溉、电力、道路、化肥等涉农行业的投资力度。

在一个发展停滞的国家，资源配置的冲突会变得尤为突出，因为在某个部门增加投入，就意味着在其他部门减少投入。而在一个充满活力和快速发展的国家，这种冲突的情形会大大减少，因为不同部门的发展是相辅相成、彼此助益的。在制定推动产业发展的任何方案和政策时，都必须充分考虑不同部门之间的关系。良好的工业发展能够促进农业发展目标的实现；同样地，加快农业发展速度，充分满足工业生产的需求，保障农业原材料的供应，也可以增加提高工业增长率的可能性。

在印度这样一个劳动力过剩的国家中，工业发展就应该走劳动密集型的发展道路，这一点无须多言。然而事实上，一些政策却发出了错误的经济信号，使投资资本比雇用劳动力更加有利可图。在以就业为导向的发展战略中，这样的政策必须改变。与此同时，印度必须振兴工业，以确保实现7%—8%的年均增长率；并以此为目标，重新审视工业化发展的具体内容和实现方式，同时兼顾就业。

产业政策

在工业生产过程中，绝大多数产品都是在私营部门生产的，其占比为70%—75%。尽管政府决定了私企的大环境，也能在一定程度上影响私企的经营决策，但必须承认的是，光靠政府自身，不仅无法保证经济增长率维持在较高水平，更无法左右私企对特定技术的选择。在影响工业领域私企的行为时，政府可以采取财政政策、支出政策、货币政策和许可证政策等多种措施。因此，要想通过政策引导私企将注意力转向增加工业领域的就业机会上，就必须采取上述各项政策，多管齐下，而不是仅限于产业许可政策。此外，这些政策手段当然能够影响私企行为，但与此同时，必须意识到它们并不足以左右私企的行为，这一点也非常重要。

关于如何改变产业政策及其他相关政策，本文提出了一些建议，但要做的远不止于此。另外，本文假设了政府的财政支出政策也在考虑范围之内，并且政府通过推动乡村产业发展、重振相关领域的政府组织职能，也对就业问题给予了足够的重视。此外，本文还假设了，在重新定位产业政策的过程中，政府希望进一步放松对经济的管制，而不是越管越紧。

劳动密集型投资的优惠措施

也有人批评，在印度的财政政策中，大部分优惠措施都在向资本倾斜，这种说法是有道理的。尽管印度政府一直在讨论如何将这些财政补贴与就业联系起来，可至今也没有找到解决办法。有人建议，应该将落后地区的财政补贴和投资补贴转化为就业补贴。关于落后地区的财政补贴，政府可以考虑宣布在进行投资的头三年，按照就业人口每人发放一定数额的就业补贴，津贴的数额可以只与一定工资水平以下的雇员数量挂钩，而具体的补贴金额则可根据过去2~3年的人均补贴水平来确定。这种方式可以确保将财政补贴转化为就业补贴后，不至于对人们的收入产生较大影响。虽然就业补贴所支付总金额可能和当前持平，但是，分配给潜在投资人的补贴金额，将取决于他们所雇用的员工人数，而不取决于他们的投资数额。

至于就业补贴可能对收入产生的影响，虽然我们无法进行准确估算，但还是可以根据每年产业收入的增加情况进行一个大致的判断的。印度的年度产业调查（Annual Survey of Industries，ASI）数据显示，在1974—1975财年中，工人的收入总额为180亿卢比，较1973—1974财年的150亿卢比有所增加。总收入之所以增加，有可能是1973—1974财年已就业工人的工资上涨所导致的。然而，如果假设在这两年总收入增加的原因是因为新增投资项目增加了就业人数，那么按照上述优惠体系，印度政府在投资第一年的补贴总额将达到6亿卢比。如果年收入增量保持在相同水平，则贴补总额将逐年递增10亿卢比。由于补贴仅针对新增的投资项目，而且仅限于工资低于一定水平的就业人口，因此，实际的补贴成本要比上面估算的少得多。不论如何，补贴越多，创造的就业机会就越多。此外，还应指出的是，由于雇主们需要按照现行的公积金制度为员工缴纳公积金，所以上述优惠补贴措施被滥用的概率应该很低。

进口政策

20世纪70年代初期，印度在减少审批程序、整治官僚作风等方面取得了一定进展；在进口方面，也开始在不损害印度工业的前提下，允许企业自由进口。除了各种微调，印度进口政策唯一有可能做出的根本性改变在于，放宽"本土清关"（indigenous clearance）条件，特别是那些印度国内生产成本远高于国际成本的产品（比如高出一倍或两倍的）。然而，政策朝这一方向改变似乎并不可行，因为在每一个具体案例中，都不可避免地存在着方方面面的问题，比如规模较小、难以监管、推动就业力度不足等，就算这些方面都没问题，也可能在战略上存在问题。尽管如此，印度在维持对经济高度保护的同时，依然尽可能地放宽了对进口自由的管控。

然而，关于进口政策，有一点还需要我们仔细斟酌，那就是关于进口渠道的规定。目前，印度有大量进口商品都是通过国有贸易公司进口的，比如印度国家贸易有限公司（State Trading Corporation，STC）、印度矿物质和金属贸易有限公司（Metals and Minerals Trading Corporation，MMTC）等。但在最初时，大部分的进口产品都是通过一些老牌私营进口商运作的。印度政府推出关于进口渠道规定的初衷是为了国有贸易公司也能参与进口，作为私营进口商的有益补充。然而，随着时间的推移，老牌私营进口商的作用逐渐减少，现在大多数进口的工业原料都被用于印度国内工厂的制造。总的来说，自印度推行进口渠道规定以来，并没有证据表明该政策节约了进口成本，抑或是为实际用户提供更好的服务体验。鉴于外汇形势日臻改善，现在正是重新考量进口渠道规定的时候，这项规定应该仅限于那些必须制订长期进口计划的产品，或者大量采购会带来可观经济效益的产品。如果仔细察看过去的进口记录，就不难发现按照上述标准，只有金属等一小部分产品适合遵守渠道进口规定，而其他产品皆可由实际用户直接进口。

近年来，通过印度国有贸易公司的渠道进口产品已经成为一种趋势，而这些企业本身就是这些产品的生产者。在这种情况下，尤其是当相关国有企业同样是一个垄断生产者时，其内在的利益冲突是显而易见的。所以，印度政府应该做出一个总决策，要么取消所有上述产品的进口渠道规定，要么只在对公共利益有利时，才对某些产品进行渠道规定，要求它们必须通过印度国有企业进口。

融资政策

　　大部分的产业投资项目都必须通过金融机构进行股权融资或贷款融资，或两种途径都有。一般而言，小型投资项目可从印度国家金融公司（State Financial Corporations，SFCs）获得融资，而较大的项目往往是通过一些印度全国性的金融机构进行融资。在过去的一两年中，印度在加速金融机构的清算和付款方面取得了一些进展。现在，印度的所有机构都应该重视融资项目对就业产生的影响，至少所有的金融机构都应该这样做。其实，关注项目对就业影响的技术目前已经存在，只是尚未普及。鉴于此，印度政府可以马上采取两项措施：一是要求金融机构以评价项目为目的，按照市场工资率的50%对项目工人的劳动力成本进行估值，这意味着在其他条件相同的情况下，一个劳动密集程度高的项目将比劳动密集程度低的项目优先获得融资；二是在机构进行项目审查时，必须始终关注被审查项目是否存在用资金和机器设备代替劳动力的可能性，或至少在某些操作环节存在上述可能性。在向有政府董事出席的董事会提交项目提案时，一定要将这些考虑写入报告中。

　　所谓的"可兑换条款"是一种形同虚设的资金管控方式，当贷款金额超过一定限额（1975年为500万卢比）时，政府会要求金融机构必须将该条款写入融资合同中。在许多情况下，金融机构会持有企业相当大比例的股份，以便拥有对企业的有效控制权，在必要时可随时行使。目前，关于兑换条件的谈判浪费了大量的时间和精力，直到五六年之后才得以适用，结果最后却发现该条款毫无价值。就算放弃了这一条款，也不会对公共利益或目标带来任何损失。

当前，资金管控问题属于印度财政部（Ministry of Finance，MoF）的职权范围，而这套管理体系的确切好处和优势尚不明确。要想实现资金管控的目标，应该设计出一套更好的管控体系，制定可以放权给印度国有金融机构的指导方针。或者，印度政府可以成立一家独立的证券交易委员会（Securities and Exchange Commission，SEC）来监督证券交易所的运作，以确保所有资金管控措施的预期目标最终都能实现。

第六章
制定发展战略，
注重发展成效

到了20世纪80年代，印度意识到了独立以来经济发展战略的局限性，开始推行印度"新经济政策"[①]。新经济政策体现了印度向更加外向型经济的转变，是一个逐步放松政府管控、解除行业管制、促进进口自由化的过程。许多观察人士和专家对上述转变表示欢迎，并将印度经济增速的快速提高归功于此。而与此同时，也有人认为，新政不仅带来的问题比解决的问题更多，还摧毁了印度自独立以来，在长达30年的经济政策发展演变过程中所形成的最鲜明的民族共识。之所以会如此担忧，是因为印度经济越来越依赖于进口，国际收支如履薄冰，对债务更加依赖，因而印度经济政策方向也更容易受到外部压力的影响。日益高涨的消费主义和少数人的炫富行为进一步加剧了这些担忧。

人们关于印度"新经济政策"的争论主要聚焦于两点问题：

[①] 1991年，以V. P. 纳拉辛哈·拉奥（P.V. Narasimha Rao）为首的印度政府推出的新经济政策（The New Economic Policy of India）。

一是印度自独立以来所采取的发展政策是否合适，二是对印度经济发展造成了何种影响。该政策在很大程度上受到了苏联计划经济模式的影响，印度在控制和引导经济活动方面发挥着核心作用。根据苏联的发展经验，人们相信，如果印度以牺牲消费品行业为代价，加大在生产资料和重工业部门的投资力度，就可以提高国家的储蓄率和经济增长率。由于这些行业的投资需求很高，远远超出了私人企业的投资能力，而盈利能力却并不高，因此只能靠印度来进行投资。

印度在第二个五年规划（1956—1961年）中明确提出："除非印度采取措施加快生产资料的生产，同时积累对发展至关重要的燃料和能源，否则在未来几年中，印度经济的发展规模和增长速度必将受到限制，这一点强调得再多也不为过。"关于如何实现上述发展目标，规划指出："在某些情况下，应主要依靠财政及价格激励政策来实现，建立行业许可制度也至关重要；此外，还应采取固定利润率、稀缺原材料配置政策及其他监管措施作为补充。要想实现规划的投资目标，就必须想方设法确保必要资源的有效供给，而不是依靠消费这个单一途径获得。"

印度既需要调动国内储蓄，也是重要的投资者和资本所有者。由于国家才是经济改革的主要推动者，因此必须通过严格规范和控制措施，让私营企业的活动与印度的发展政策目标保持一致。

在这一规划中，外贸对经济发展所起的作用相对较小，因为普遍观点认为，发展中国家和农产品厂家在国际贸易中承受着偏见，而且学术界也坚定认为，印度的出口前景极不乐观。印度的第一个五年规划（1951—1956年）对出口一笔带过，只是强调了增加出口收入面临着诸多限制，因为"出口产品的价格取决于国际因素，因此存在很大变数。"在第二个五年规划中，印度在预测贸易平衡情况时总结道，预计在短期内，出口收入不会出现大幅增长。

印度将资本积累摆在发展的首要位置也意味着，在规划初期，就将对农业发展的投入放在了相对次要的位置，这种做法也得到了当时主流观点的支持。当时的人们普遍认为，发展中国家不断增加的劳动力只可能被工业消化，而在工业化初期，农业必须通过提供廉价劳动力的方式，为建设工业现代化做贡献。规划的核心目标是加快工业部门的发展。

在1980年之后，印度的早期发展战略饱受诟病，主要批评集中在对出口和外贸机遇的忽视，对贸易保护和进口替代的过度强调，对实物管制的过度依赖，以及公共部门的效率低下。

至于印度早期发展的实际成效，很容易总结出以下亮点：毫无疑问，印度自独立后的经济增速远远超过过去100年中的任何时期。据估计，1871—1946年，印度的经济增速刚刚能跟上人口的增长速度。1951—1980年，印度的年均增长率约为3.8%，不仅低于发展中国家作为一个整体的同期经济增长率（5.2%），还大大低于中国（5.4%）及其他一些国家和地区的经济增长率，例如韩国（7.2%）、泰国（6.8%）、印度尼西亚（5.5%）、马来西亚（6.0%）和中国台湾地区（9.1%）。在独立后的35年中，印度人均收入的年均增长约为1.5%；至于人口年均增长率，头三十年为1.21%，之后为2.15%。这在很大程度上抵消了印度自独立之后经济发展速度提高所带来的成效。

尽管工业发展在印度的经济规划中发挥着核心作用，但从20世纪50年代初到1980年，印度的年均工业增长率仅为5.3%。在此期间，工业部门在GDP中的占比从15%上升到23%，但工业劳动力的占比仅从12.6%上升到13.8%。从20世纪60年代中期开始，印度工业增长率的下降尤为明显。制造业GDP的年均增长率从20世纪60年代中期大旱年份之前的7.0%下降到此后的4.5%。农产品产量的增长也很缓慢。1950—1951财年至1980年，农业收入每年增长2.12%，而人均农业收入则几乎没有增长。该发展水平与同期的中国相当，但远远低于其他发展中国家的发展水平。农业的增长速度，尤其是粮食产量，几乎没有超过人口增长。在这一时期，尽管绿色革命以及部分地区的农业繁荣使印度的农产品产量有所提高，但农业依然是印度经济增长的重要制约因素。

印度的出口表现相对较差，尽管第二次世界大战后世界贸易持续繁荣，印度却并未从中获益。20世纪50年代，印度的出口发展停滞不前。到了20世纪六七十年代，出口增长有所提高，年均增长率分别为3.3%和7.5%。1979—1980财年，印度的出口在GDP中的占比为7.8%，几乎与1950—1951财年持平。与此同时，发展中国家作为一个整体，出口占GDP的比重却从1960年的15%提高到了22%。至于印度在世界贸易中所占份额的下降幅度就更夸张了，从印度独立时的2.4%直接降到了20世纪80年代初的0.4%。

此外，印度的国际收支除了少数短期平衡，一直都存在问题，这极大地提高了经济管理和发展规划工作的难度。官僚体制造成了控制措施的泛滥，项目审批需要耗费大量时间，不仅拖延了项目的实施，还增加了投资成本。这导致了资本产出率显著提高，从20世纪50年代的3.89%分别上升到60年代的5.46%和70年代的6.04%。

上述的宏观数据都是真实的。然而，这并不足以证明旧的发展战略与其他战略相比孰优孰劣。韩国和中国都发展得更好，而它们采取的是截然相反的策略。而且，它们的配套设施和社会环境与当时的印度也有很大的不同。印度经济发展受限的根本原因在于国内的物质资本严重匮乏和储蓄能力较低。农业收入持续减少，因此工业对于消化过剩的印度农村劳动力至关重要。普遍观点认为，鉴于当时的国际市场环境和印度国内经济结构的限制，只有印度带头对资金需求量大的行业加大投资力度，才可能实现工业化。而在市场机制之下，这有可能导致高收入群体的过度消费和投资不足。

　　上述观点在当时的管理人士和印度知识分子中得到了广泛认同，印度的战略选择也回应了这些观点。印度自独立之后，也受到了不少外部和国内的冲击，比如战争、干旱、石油危机和政治动荡等。支持印度发展战略的观点认为，尽管印度的经济增长较为缓慢，但是印度能够在非常困难的情况下还是保持了稳定，同时发展了混合所有制经济。印度在20世纪60年代就实现了粮食的自给自足，并形成了复杂多样的现代化产业结构，不仅避免了债务问题，还提高了储蓄率（GDP占比从1950—1951财年的10%提高到了1979—1980财年的20%）。

　　就印度的制度和社会历史等国情而言，选择极强的中央计划经济体制和内向型发展战略是不可避免的。在殖民时期，印度对经济发展的忽视带来了不可避免的后果。人们越来越相信，如果没有国家的手来指引方向，发展经济是不可能的。为了加快发展速度，国家必须当好经济发展的规划者、储蓄者、投资者和管理者等多重角色。多年来，由于印度的自身发展经验以及其他国家的经验，人们对机遇和可行的发展政策的看法较从前已经发生了转变。人们越来越认识到国家权力的局限性，以及国家通过行政干预经济领域时所受到的限制。有证据表明，印度国有企业的效率极其低下，并对财政收支产生了破坏性的影响。与印度不同的是，有些国家很好地把握了国际贸易的机会，不仅加速了经济增长，还减少了自身对外部资本流入的依赖。随着印度外贸机会的增加，援助环境逐

步恶化，政治考虑成为决定援助资金流向的主导因素。幸运
的是，印度通过从实践中总结经验，不断提高自主研发能力
和吸收国外技术的能力，提高了以平等地位参与国际竞争的
信心。

第二部分

自由化
和全球化的十年

第七章
印度经济概览

1980年1月，印度新一届政府上台时，印度的经济正处于非常糟糕的状态。印度政府的首要任务就是兑现其在竞选时所做出的承诺——重振印度经济，坚持走自力更生的可持续发展道路。这不是一项简单的任务，因为当时，印度几乎所有的经济部门都处于混乱状态。1979—1980财年，印度的国民收入下降了近5%；工业和农业产出分别下降了1.4%和15.2%，而物价则上涨了21.4%；外汇储备大幅下降；铁路运输收入也下降了；煤炭产量停滞不前，电厂负荷率（plant load factor，PLF）处于历史最低水平。印度政府的当务之急就是控制通货膨胀，增加产量，让工资支付重回正轨。最重要的是，1979—1980财年的经济衰退让普通老百姓全都生活在水深火热之中，改变这种现状刻不容缓。

实现收入增长

印度在第六个五年规划（1980—1985年）中提出了5.2%的GDP增长目标，并计划为公共部门投入9700亿卢比的巨额经费。在此期间，中央和各邦政府所募集的资金全都超过了规划目标。投入所带来的产出全部反映在了经济报表当中。在六五规划的头四年中，印度GDP年均增长率为5.6%，提前并超额完成了规划目标。这意味着，在剔除了人口增长因素和通货膨胀的影响之后，按实际价值计算的人均收入每年增加了近3.5%。

加快农业发展

印度政府优先支持农业发展，重视扩大农田灌溉能力，增加高产品种（high-yielding varieties，HYVs）种子的使用面积，通过提供农业信贷服务、加大技术研发力度、制定积极价格政策等措施，保障了农产品营养和产量双达标。

结果在1980—1985年，印度的农业生产基础得到了极大巩固。截至1983—1984财年末，农田灌溉能力增加了近900万公顷，预计到1984—1985财年末，将增加近1200万公顷。高产品种种子的使用面积从3856万公顷增加到近5200万公顷，化肥供应量从620万吨增加到780万吨。正因为印度采取了上述积极措施，才能够经受住1982—1983财年的旱灾影响。1979—1980财年，印度受旱灾影响农业产量下降了15%以上；而1982—1983财年农业产量仅下降了4%。

此外，印度还下调了包括化肥在内的重要生产资料的价格，以鼓励农民提高产量，并照顾偏远地区小型农户的利益。粮食产量从1979—1980财年的1.1亿吨增长到1984—1985财年末的1.54亿吨以上。假如农民对印度在农业现代化方面的投入反响不积极，农业产量是不可能提高得如此之快的。印度通过不断适时调整农产品支持价格，确保农民可以通过种田养家糊口（见表7.1）。

表7.1 印度各类农产品的收购 / 支持价格

（1000 万卢比 / 公担*）

农产品	财年	
	1979—1980	1984—1985
小麦	115	152
大米	85	137
糙米	95	130
小米	140	240
花生	100	340

* 1公担相当于100千克。

　　农产品，特别是谷物产量的提高，帮助印度在粮食供应方面实现了自给自足。截至1984—1985财年末，印度的粮食库存超过了2100万吨，既确保了粮食的充足供应，又促进了粮食价格的稳定。

工业增长

　　在此期间，政府还优先考虑了基础设施建设，因为这是增加工业产出的先决条件。除了增加新的产能，印度还将发展重点放在了短期内提高关键部门的绩效上。通过采取相关措施，印度政府大幅提高了火电厂的负荷率，同时增加了煤炭的铁路货运运力，以逐步取代公路运输。煤产量（包括褐煤）从1979—1980财年的1.068亿吨，逐渐增加到1983—1984财年的1.45亿吨和1984—1985财年末的1.6亿吨。发电量也比1979—1980财年末的总量提高了近50%。铁路货运收入扭转了1979—1980财年之前的下降势头，截至1984—1985财年，平均每年增长4.5%。

基础设施的改善对工业发展也带来了有益影响。工业生产指数的年均增长率截至1983—1984财年已达到5.5%，并在1984—1985财年实现了进一步增长。截至1984年7月，印度工业综合指数年增长率超过了8%，原油、水泥、化肥、汽车、柴油机、机床等重要行业均表现良好。

抑制通货膨胀

鉴于印度老百姓受通货膨胀的影响最大，新一届印度政府在上台后不久，就采取了供给侧措施，将物价控制在合理范围之内，通货膨胀率在1980—1981财年降至16.7%，在1981—1982财年降至8.4%。尽管在1982—1983财年，印度遭遇了一次严重的干旱，但1983—1984财年的通货膨胀率依然保持在个位数，1984—1985财年的通货膨胀率为7%。事实上，截至1984年9月中旬，食品价格已经低于上年的同期价格，其中最重要的大米和小麦价格同比分别下降了11.4%和2.2%。

在印度这样的发展中国家，囤货商和黑市商人的存在造成基本商品持续短缺，这无疑增加了政府将通胀率保持在较低水平的难度。为了有效应对上述不利因素，印度抗通胀政策的核心就是加强公共分配制度（public distribution system，PDS）。为此，印度政府在全国各地搭建了平价商店网络，以合理的价格为老百姓提供基本商品。1984—1985财年，印度共有80多万家商店供应谷物、食用油、糖、煤油和其他物品。在必要时，印度还通过国内采购或适当安排进口，确保了基本商品的供应。

减轻贫困

为了保障贫困地区弱势群体的利益，印度还推行了包括农村整体发展方案（Integrated Rural Development Programme，IRDP）在内的一系列扶贫计划，并采取了在全国农村普及就业意识、向贫困村庄提供饮用水等多项措施。1982年，印度在修订《20点纲领》[①]时，特别关注了这些问题。印度农村整体发展方案的目标是在规划期内向1500万户印度农户提供援助，而实际帮扶的农户数量超过了规划目标。印度全国农村就

---

① 1975年，印度政府正式发布了《20点纲领》（Twenty Point Programme），这是印度政府为改善城乡经济状况而制定的具体纲领。

业方案（National Rural Employment Programme，NREP）也取得了类似的成功，该方案旨在每年为3亿—4亿人创造就业机会。印度"六五"规划还提出了，为印度全部19万个"问题村庄"提供饮用水设施。截至1983—1984财年末，已有超过10万个村庄解决了饮用水问题。1983年8月15日，印度总理宣布并启动了两项全新的改革方案：无土地人口农村就业保障方案和失业者自谋职业计划，在推行的第一年就创造了6000万工日（man-days）的就业机会，后续每年新增3亿工日。

印度"六五"规划还启动了一系列社会福利计划，旨在提高贫困地区弱势群体的社会福利，具体包括表列种姓（Schedued Castes）和表列部落（Schedued Trible）①的发展，为贫困线以下人群提供的一揽子服务，为表列种姓和表列部落的学子提供大量奖学金等。

此外，印度还加大了对农村地区的医保投入，通过大规模新建基本医疗中心、分中心以及社区医院和医务所，打造了覆盖全印度的医疗网络。在"六五"规划的头三年中，印度共新建了100多家基本医疗中心和1600多家分中心，此外还新建了200家社区医院和1100家医务所。

在教育方面，印度也取得了不俗的成绩：超过1000万名儿童进入小学读书，对成人教育的拨款也有了大幅提升。

---

① 表列种姓和表列部落指处于印度主流社会之外的，印度宪法规定的两类社会弱势群体的总称。——译者注

为普通人减负

在新一届印度政府的竞选承诺中，为普通人减轻税负是重要内容之一。为此，印度政府采取了一系列措施：一是将个人所得税的起征点从之前的1万卢比提高到了1.5万卢比，为成千上万的纳税人减轻了负担；二是针对工薪阶层，印度放宽了标准扣除金额，此举相当于进一步提高了个税起征点；三是印度采取了专门措施，保障退休人员的利益；四是通过免除或减少基本消费品的消费税（如救命药物），系统地实现了为普通人减负的目标。

此外，印度还根据生活成本指数（cost of living index）的上升，向低收入印度的公务员提供补偿。尽管1984年8月的生活成本指数比1980年1月提高了58%，但低收入的公务员的薪酬却上升了70%。

促进科学技术发展

印度"六五"期间，印度政府通过多方协调努力，大力发展科学技术及其相关应用，为解决印度发展问题打下了坚实的科技基础。印度的科技政策旨在尽快实现自力更生，促进本土科技发展，对进口技术做出适当调整，确保技术转化成为有效的科研成果。此外，印度还设立了高级别的技术执行委员会和科技项目咨询委员会，为印度新闻广播部提供咨询服务，指导其制作大众科普节目和学习资料。

国际收支平衡

在此期间，印度最突出的成绩在于，在不牺牲GDP增长的情况下，通过外部贷款，成功地实现了国际收支平衡。和大多数发展中国家一样，印度在1979年国际油价暴涨的沉重打击下也未能幸免。1980—1981财年，印度的石油进口费用从170亿卢比增加到630亿卢比。1981年11月，印度通过与国际货币基金组织谈判，成功地获得了三年期50亿美元特别提款权（special drawing right，SDR）的中期贷款。随着贷款资金的逐步到位，印度的国际收支平衡得到保障。

印度之所以能够很好地应对油价冲击，主要得益于外部调整方案的执行。作为印度"六五"规划的一部分，外部调整方案强调，通过增加印度国内的原油产量，减少印度对进口原油和石油产品的依赖。原油产量从1980—1981财年的1050万吨增加到了1983—1984财年的2600万吨，预计1984—1985财年将继续增加到2960万吨。国内产量的提高，使印度进一步减少了石油进口费用。同样，水泥、化肥、有色金属和钢铁等产品的国内产量的提高也有助于控制相关进口需求。

根据规划，预计到1983—1984财年，印度的国际收支头寸将出现改善，同时形成外汇储备，而上述措施的成效比预期的来得更快。随着国际收支总体状况的改善，印度政府决定放弃未使用余额，并在行使了30亿特别提款权之后，终止了国际货币基金组织的中期贷款安排。

　　印度是世界上为数不多的几个完成了国际收支调整方案并提前终止了国际货币基金组织贷款安排的国家之一。更重要的是，印度与其他许多发展中国家的不同之处在于，它是在不牺牲经济增长的情况下完成了调整方案，而且没有出现任何严重的债务问题。印度的突出成绩也得到了全球专业人士的肯定。世界银行在其年度报告中，对1980—1985年印度的经济发展给予了高度评价。伦敦的著名经济期刊《欧洲货币》（*Euromoney*）也将印度列为"经济管理良好且值得称赞的五国"之一，并列举了印度政府在此期间采取的一些重要政策举措：

　　　　在亚洲，印度财政部对印度近年来良好的经济表现功不可没。印度财政部切实采取了包括最低外债在内的多项政策，帮助印度在国际市场上保持了良好的信用评级。

　　　　印度政府还决定不动用国际货币基金组织提供的三年期62亿美元特别提款权中的最后11亿。由十印度政府的审慎决策，印度的经常账户并没有为沉重的债务所拖累，债务清偿率仅为14%。

　　鉴于良好的国际收支状况，印度在1985年6月通过印度工业发展银行首次发行了价值2100万美元的国际债券。

　　在创纪录的粮食丰收的助力之下，印度的年经济增长率达到7%。石油行业的快速发展推动了石油产量的提高。20世纪初，印度有三分之二的石油都需要进口，而今天的印度只有三分之一的石油需要进口了。

综上，1980—1985年，印度的经济发展取得了巨大成就，经济全面复苏，增长势头良好。不过，印度在未来势必会面临更多重要的经济挑战，需要依靠强有力的领导能力和奉献精神才能将其战胜。正如印度的开国总理贾瓦哈拉尔·尼赫鲁（Jawaharlal Nehru）所说："我们经常要面对最艰巨的挑战，最终也总会战胜它们。"

印度在1980—1985年所取得的成就充分证明了，印度人民是一个顽强不屈、天生就充满了力量的民族。

第八章
科技引领进步

科学发展的最终目的是回馈社会，其意义就在于它对社会福祉做出的贡献。科学在方方面面都发挥着这种促进作用。在知识领域，科学体现的是一种生活方式，一种理性思考的过程。在物质领域，科学对社会的贡献主要体现在商品生产和服务过程中的技术应用。在这一过程中，科学知识被转化为应用技术，而技术促进了生产工艺的革新，带来了社会生产力的提高，从而推动了整个国家的经济大踏步前进。

历史已经证明了，正是在科学知识和技术的快速升级和持续推动之下，现代经济才能不断向前发展。据估计，在发达工业国家的经济增长中，有三到五成来自技术进步。因此，技术已经成为经济长期发展的主要动力。

早在1939年，印度的民族主义领导人就认识到了科学和技术在国家发展中的重要性，成立了印度国家计划委员会，由尼赫鲁担任主席。尼赫鲁的远见对印度的科技发展政策产生了深远影响。在年轻时，尼赫鲁就对科学和技术在发展中的应用非常感兴趣，在谈到自己对科学的兴趣时，他曾表示：

　　长久以来，我一直都是印度政治战车上的一名奴隶，几乎没有闲暇去思考其他问题，可我的思绪却常常会回到学生时代，回到剑桥大学的实验室里，那里是科学的摇篮。虽然受条件所限，我不得不与科学告别，但我内心依然充满了对科学的向往。在随后的几年中，几番迂回辗转过后，我再次与科学相遇。此时的我意识到，科学不仅仅是一种愉快的消遣和抽象的东西，而是生活的纹理和质感。没有了科学，我们的现代文明将不复存在。政治带我领略了经济学，也不可避免地将我带到了科学的面前，让我用科学方法来解决我们的所有问题，用科学的方法来生活。[①]

　　1951年，印度成立了自然资源与科学研究部（Ministry of Natural Resources and Scientific Research），负责组织和指导科学研究工作，推动印度的发展。印度可能是全世界最早采取这项行政措施的国家之一。1958年3月，印度发布了科学政策决议，强调了印度科学政策的六大发展目标：

　　（1）采取一切恰当手段，培育、推动并持续开展科学和技术研究工作，研究范围覆盖全部科学领域，具体包括自然科

[①]　1938年1月尼赫鲁在加尔各答印度科学大会上的演讲；摘录自多萝西·诺曼（Dorothy Norman）主编的《尼赫鲁：第一个60年》（第一卷），此书于纽约约翰·戴公司1965年出版。

学、应用科学和教育科学等；

（2）确保为印度培养足够多的最优秀的科学家，将他们的研究视为印度国力的重要组成部分；

（3）尽快动员并启动科研技术人员培训工作，充分满足印度在科学、教育、农业、工业和国防等方面的建设需要；

（4）确保在各类科研活动中，充分发挥男性和女性的创造力和才能；

（5）在自由的学术氛围中，鼓励每个人主动学习和传播知识，积极探索新知；

（6）总而言之，通过学习和应用科学知识，尽可能地造福印度人民。

通过积极推行上述政策，印度取得了丰硕成果。为了享受科技进步带来的好处，印度建立了多家科教机构和科学实验室。1983年1月，印度政府在蒂鲁帕蒂举行的科学大会上宣布了印度的技术政策，成了政策领域的又一座丰碑。除了重申上述发展目标，技术政策还特别呼吁印度应自主研发具备出口潜力和国际竞争力的技术，例如节能技术、回收再利用技术等。至于技术开发的优先次序，技术政策指出应优先开发与就业、能源使用效率及环保相关的技术。在获取国外技术方面，技术政策虽然要求在进口国外技术和吸引外国投资时必须慎重选择，但也特别强调了，应该通过投入足够的科研经费，做好对进口技术的吸收、调整和后续研发工作。

印度的技术能力发展历程

印度的资本构成

自独立以来，印度一直坚持走全方位技术发展道路。以不变价格计算的固定资本形成总额的构成（gross fixed capital formation，GFCF）揭示了印度技术实力的演变过程。在20世纪80年代以前，印度的固定资本形成总额中，"设备费用"占比大幅上升，而"建筑费用"占比则有所下降。在印度"一五"规划期间（1951—1952财年至1955—1956财年），"建筑费用"占固定资本形成总额近62%，而"设备费用"仅占38%。相比之下，20世纪80年代的趋势正好相反，"建筑费用"占比降至35%，而"设备费用"占比则升至65%。

印度的技术进步实例

20世纪50年代至80年代，印度经历了"技术变革"时期，许多行业都因为科技进步而加快了发展的脚步。在这几十年中，印度的"农业生产率"出现了大幅提高，这主要归功于高产品种农作物的普及。毫无疑问，是农业科学家们在实验室中辛勤工作，研发了这些先进技术，而新技术能够得到成功应用，也得益于同时期的基础设施建设的加强。同样，自20世纪40年代以来，印度还成功地运用现代医学控制流行病，不断改善医疗服务水平，大幅提高了人均寿命。在交通和能源等诸多领域，也有许多类似的例子。

到了20世纪80年代，印度的生产设备制造业也发展了近30年了。印度工厂制造的设备既包括化工、金属、矿物、消费品、电力等行业所需要的专用加工设备，也包括用于扩大生产规模的通用机械，如机床、运输设备、耐用消费品等。印度的制造业从装配阶段进入到单一零部件生产阶段，并在垂直整合的过程中，建立了广泛的生产基础。然而，就许多生产设备而言，印度尚不具备对现有设备进行改进和更新的设计能力。具体到某些设备，印度的国内产品可以与发达国家媲美，比如耐用消费品（两轮车、冰箱等）、拖拉机、机床、发电设备和纺织机等。但这种情况只在个别公司小范围存在，并不是行业的普遍现象。由于本身缺乏设计能力，现有设备又无法满足客户和工业用户不断变化的产品需求，印度只能频繁进口新型设备。以加工车间所使用的加工设备为例，设备的设计理念其实来自对"加工流程"的设计过程。但是，印度眼下并不具备对加工流程的设计能力。在个别行业，也有公司进行了初步尝试，让人看到了一线曙光。比如在钢铁行业，当时的印度斯坦钢铁公司（Hindustan Steel）就成立了自己的内部工程设计团队。但是，这些公司的竞争对手是国际咨询公司，因此它们的产品很难胜出。1984年，印度巴拉特重型电气有限公司（Bharat Heavy Electrical Limited，BHEL）自主设计的高压直流（high-voltage direct current，HVDC）项目通过了实验，并取得了成功；在电信行业也取得了技术突破，这些创新引起了很大反响。然而，直到20世纪80年代中期，这些设计依然没有签到用户合约。一般而言，提供"流程顾问"服务的都是外国公司，而它们的设备供应商往往也都在国外。因此，自主研发的生产设备制造技术只可能在极少数个案中得到发展和应用。在技术相对稳定而产品市场缺乏活力的行业中，这种现象屡见不鲜。只有依靠扎实的设计能力，印度的生产设备制造业才可能逐步健全结构，并实现蓬勃发展。

技术进步还有助于为印度的制造业积累更坚实的资源基础。截至20世纪80年代中期，印度的能源行业和农业因技术进步而受益匪浅。同样，在饮用水等基本生活保障品供应方面，也出现了类似好转。石油陆上勘探技术到海上勘探技术的成功升级，为印度开发了巨大的石油和天然气资源储备。印度开始在海上开采油气资源，这使利用天然气生产化肥和石化产品成为可能，40%以上的氮肥和50%左右的石化产品是利用天然气生产的。而产出的石化产品又促进了常用基础材料的更新迭代，各类塑料制品逐渐取代了木材和金属制品。整个20世纪80年代，印度的农业生产每年上涨约3%，同时带动了农业用电量的急剧增长。随着更优的抽水技术的出现，印度的北方和西北地区现在也可以种植水稻了。抽取地下水的技术得以优化，虽然是一项很简单的技术革新，但却帮助许多村庄解决了当地的饮用水问题。

未来挑战和可能的政策方向

有效的专利和知识产权保护法规

20世纪的奥地利经济学家约瑟夫·熊彼特（Joseph Schumpeter）对"发明"和"创新"进行了根本区分："发明"是发现新技术，而"创新"则是将发明实际应用到市场化生产中。发明是发明家的工作，而创新则是企业家的任务。最典型的例子当属18世纪的英国工业革命。当时的英国之所以能获得成功，不光是因为英国人发明了科学的工具，其实这些工具按现代标准来说根本算不上先进；更重要的原因在于英国将这些发明应用到了商业化生产当中。这种技术的商业化应用正是熊彼特口中的"创新"。①

建立一套行之有效、方便快捷的专利保护法规，有助于激励创新企业。尽管印度政府于1970年出台了《印度专利法》（Indian Patents Act），对更早的1911年《印度专利和设计法案》（Indian Patent and Designs Act）做了必要突破，但

---

① 在大多数情况下，创新者和发明家属于不同的实体，两者之间的密切联系恰好反映出科学和技术之间的关系。然而，也存在发明家和创新者是同一个人的情况。例如，詹姆斯·瓦特（James Watt）之所以世界闻名，不仅因为他发明了蒸汽机，还因为他将蒸汽机应用于商业生产中。有许多现代软件的发明者也同样属于这种情况，他们既是发明者，又是创新者。在人们心目中，比尔·盖茨（Bill Gates）不仅是Windows操作系统的开发者，也是将Windows系统推向市场的成功创新者。——译者注

需要改进的地方还有很多。专利申请流程过慢，不仅损害了创新者的利益，也消磨了潜在创新者的创新意愿。目前，盗版软件随处可见，印度政府对《专利法》执行不到位以及诸多的专利侵权行为，都让创新者不愿意再花时间和资源去进行创新了。此外，这还可能对目前印度的行业研究产生影响，因为印度常常以模仿制造或逆向工程研究的方式开展行业研究。印度应该推动更多的创新研究，建立专利代理和律所等中介机构，在科学家和市场之间搭建起沟通桥梁。

国家在技术发展中的作用

在一个市场友好型的自由环境中，政府能够在推动科技发展方面发挥什么作用呢？现在提这个问题，似乎是在老生常谈。按照通俗的讲法，自由化就等于国家不再干涉经济领域。然而，在科学技术领域，这种流行的观念是行不通的。普遍观点认为，市场失灵的原因主要来自不可分割性、不确定性和外部性。像科研这样的知识开发活动，会同时面临上述三种市场失灵。而且，在纯科研领域，私人和公共机构的盈利能力相差很远，私人投资是不太可能参与其中的。所以，即使在一个权力下放的体制当中，为了推动科技发展，国家依然应该选择在以下三个方面发挥作用：一是资助基础学科研究，二是提供基础设施，三是规范知识产权管理。

结语

在独立后的40年中，印度在经济发展和科技创新领域都取得了长足的进步。印度的改革之风极大地改善了国家面貌，在20世纪80年代尤为突出。在新挑战与新机遇并存的当下，印度在政策法规领域还有许多工作要做，但总体发展方向是正确的。在自由的环境中，国家需要鼓励科技创新，引导企业家将技术成果转化为创新企业。在全球经济增长最快的领域中，正在经历一场技术革命，过去的印度有能力、有技术、有资源冲在革命的最前沿，今天的印度更要全力以赴。未来可期，印度应该从科技、工业和金融等领域多管齐下，最大限度地把握好眼前的发展机遇。

第九章
经济快速复苏

1988年，印度经济除了国际收支，所有的经济指标都交出了比过去十年中任何时期都更好的答卷。此外，农业产量超额完成任务；国民收入增长率创下了接近9%的新纪录；工业发展表现良好；基础设施建设总体令人满意；通货膨胀率也降到了5%以下。

政府考虑了方方面面的政策问题，在此，我们选择了其中几条关系到未来的重要政策展开讨论。

粮食政策

印度之所以能够出色地应对1987年的旱灾，是因为政府面对灾情，果断决定开仓放粮，发放了大量额外的粮食。此举与往年的经验形成了鲜明对比：过去遇到灾年时，尽管国家储备了大量粮食，但政府在放粮时却十分谨慎。1987年，政府的粮食最低收购价格约为180卢比/公担，而小麦的经济成本约为280卢比/公担。政府一再向农民们保证，将以最低收购价为农民的所有粮食兜底。这项政策的目的是鼓励农民将粮食直接卖给面粉加工厂，印度粮食公司（Food Corporation of India，FCI）只是作为面粉加工厂购粮的最后一个选择而已。政府通过采取下列措施，实现了这一目标：

（1）印度粮食公司对面粉加工厂提价，将小麦售价提高到略低于其经济成本，即280卢比/公担的水平。这意味着，面粉加工厂也可以选择直接向农民们购买粮食，如此一来，农民以最低收购价格卖给印度粮食公司的粮食数量就会相应减少。

（2）印度粮食公司的主要职责是满足公共分配制度之下的粮食需求。此外，它还负责在公开市场上买卖小麦，以控制小麦的市场价格。

值得注意的是，上述政策并没有导致小麦产品价格的上涨。粮食政策的重中之重就是要确保印度粮食公司通过市场运作，将全国不同地区的小麦市场价格维持在一个合理的水平。所以，在现有的补贴水平下，面粉加工厂实际上可以从市场上买到更便宜的小麦，成本接近或低于印度粮食公司的价格。

为了合理调控粮食经济，在不同年份灵活安排粮食进出口业务也至关重要。市场粮价的走势存在着很大的投机性。通过合理安排粮食进出口，稳定市场价格，印度有能力妥善应对由粮价不确定性所带来的投机压力。

印度已经做出了决策，允许相关贸易部门灵活办理粮食进出口业务，数量最多不得超过前三年平均产量的2%。此前，印度在做同级别决策时，完全只考虑经济因素，例如库存水平、市场价格和季风影响等。

钢铁政策

从1960年到1988年，印度的钢铁政策基本上没有变化，而印度国内的钢铁产量和价格也一直没有什么起色。为了加强印度钢铁管理局有限公司（Steel Authority of India Ltd，SAIL）的管理，印度也采取了一定措施；随着国际钢价的上涨，国内和国际的价格差距进一步缩小，此时正是印度推出新的钢铁政策的好时机。新政策主要包括以下内容：

（1）国家在钢铁定价和分销管理方面，给予了印度钢铁管理局有限公司充分自由，允许其根据钢铁的需求情况，对价格进行调整，并自行决定生产模式。但这一政策同时也助长了黑市溢价，形成了钢铁的供需不平衡。政府将定期对印度钢铁管理局有限公司的业绩进行评估，确保钢材供应充足，防止黑市出现。

（2）印度调控钢铁进口的手段主要是提高关税，而不是设置进口限额或提高进口密集型企业的消费税。印度也同时面临着降低关税的压力，但由于外汇方面的限制，其并没有这样去做。

化肥补贴

随着化肥厂的不断新建和投产，化肥补贴的支出几乎翻了一番，1981年基本保持着相同的增幅。在整个20世纪80年代，印度也一直在根据最低粮食收购价格的变化，对公共分配制度之下的粮食分配价格做出相应调整。为了将粮价维持在相应的水平，这种调整是必要的，但如果为了减少粮食补贴而将粮价提高得太多，则完全没有必要。

出口政策

在20世纪80年代之前的几十年中，印度的各类优惠政策一直都对出口存在着"歧视"，这是个不争的事实。80年代，印度不断扩大的贸易逆差进一步佐证了这一点。印度所谓的经济自由化，其实主要指的是国内市场上那些依赖进口的国内制造业的自由化，这一点令人颇感诧异。到了20世纪80年代中期，印度采取了一些促进出口的措施，尤其是印度独具竞争优势的劳动密集型产品的出口。考虑到可能产生的错位成本，要想完全改变印度的政策方向并不现实，甚至不可取。但是普遍观点认为，印度政府有必要适度调整政策框架，为摇摇欲坠的出口提供更多的优惠政策。

第一，有目共睹的是，出口生产也是印度工业生产中的重要组成部分，也为工业增长做出了贡献。虽然这是显而易见的事实，但每当有人提出将国内生产的重心向出口市场转移时，人们就会认为这将导致国内行业走向衰败，拖累印度国内工业的发展。显然，如果在短期内增加出口，国内的商品消费势必会相应减少。但必须承认的是，那些面向国内市场的生产厂商为了出口，其实也是愿意在出现国际收支不平衡的情况下付出更高代价的。

第二，相对于其国内市场的盈利能力而言，印度需要提高工业出口的盈利能力。由于印度政府的财政预算已经无法负担额外补贴了，所以这部分费用应该由那些在国内市场上销售产品的进口商来承担。

第三，印度应该大幅简化退税手续。由于进口关税很高，这一点变得尤为关键。最好的办法就是制定并公布慷慨的"行业"退税率，产品差异越大越好，同时逐步取消按档退税。应该意识到，如果要支付高达1500亿卢比的进口关税，只有在增加出口的情况下才有可能办到。还有一个办法，那就是建立一种退税体系，为那些出口额占总产出25%以上的企业在进口生产资料时予以退税优惠。

第四，在设立新项目时，必须查看项目的外币资产负债表。通常，外币资产负债表是以进口总额和直接出口总额对比的形式展示的。由于国内产出在某种意义上可以等同于进口替代，因此就没有必要从潜在的进口替代中估算外汇收益了。

第五，印度在机构和银行信贷以及行业许可方面为出口商提供了优惠政策。

进口政策

当发生国际收支危机时，印度只能采取措施削减进口，尽管这样做很痛苦，但除此之外别无他法。20世纪80年代，印度的进口政策结构以限额为主，同时对与国内产品竞争的进口产品征收高额关税。与此同时，政策也在向自由化方向发展，非竞争产品的关税税率较低。

对竞争性进口产品采取更为严格的管控措施，可能会导致印度国内产品的涨价，增加印度国内厂商的利润，但未必会节省外汇。所有这一切都因为进口许可证的烦琐审批而被拖延，导致需求的膨胀以及进口产品和原材料清单越列越长。

因此，减少进口的政策主要集中于非竞争性的低关税产品。对于这部分进口产品，印度政府采取的措施是提高关税，同时收紧实际用户政策（Actual User Policy）。至于进口密集型和需要削减进口的非优先发展领域的产品，印度政府通过提高消费税，来抑制相关产品的需求。先降低消费税刺激需求增长，而后再通过限额政策控制进口原材料和零部件，其实是没有意义的。

有趣的是，为了加强进口替代而采取的一些措施，其实根本没有节省多少外汇。举例而言，据统计，利用进口原材料生产的印度产镀锡铁皮所节省的外汇仅为120美元/吨。由于印度政府大幅调降了原材料的进口关税，每节省1美元所牺牲的关税收入为40卢比。这相当于印度政府按40卢比补贴1美元的比例，向其国内生产商提供了直接的收入补贴。在消费品和其他产品制造业中，也普遍存在此类现象，只是程度相对轻一些而已。在这种情况下，国内生产活动实际上完成了一个政府的关税收入向企业转移的过程，对于消费者或国际收支平衡没有任何好处。

印度的进口关税范围从0到300%甚至更高，却并没有有效控制进口，反而导致了严重的经济问题。就政策而言，缩窄关税范围势在必行。一般来说，进口关税最低为35%。在实操中该税率很少用到，仅限于进口战略物资。（如果关税比这还低，相当于鼓励进口商虚开高额发票，将多余的外汇通过哈瓦拉市场上卖出并以此牟利。）

需要通过行政手段限制进口的主要是大宗商品，特别是食用油、国防物资和石油等。这里涉及许多复杂问题，印度政府虽然不可以去限制这方面的进口增长，但也提前采取了必要措施，避免坐以待毙。

商业贷款

在不考虑国防债务的情况下，印度的偿债率约为出口和服务收入的30%。20世纪80年代初期，印度的偿债开支以每年近30%的速度增长。相对于出口和GDP的相对温和增长，偿债支出的激增是导致印度国际收支问题频发的根本原因。印度需要进行大量商业贷款来提供流动性，但未来，已经没有继续通过商业贷款提供资金的空间了。在国际收支问题得到控制之前，印度不能再批准任何基于商业贷款的项目了，除非包括贷款在内的全部外汇支出都能被直接出口所覆盖。

商业贷款作为大型项目的融资途径之所以在印度行不通，

主要是因为贷款的审批时间过长，而且此类项目的外汇收益相对较少。这种显而易见的事实，是不以人的意志为转移的。

印度的短期债务比例相对较低，这一点对于保持国家信用不仅有利，而且至关重要。如果债主加大对贷款的追索权，不但会触发此类债务本身固有的审批或延期风险，还会影响印度的其他融资机会。（顺便提一句，银行在进行信贷评估时，是非常重视出口增长的。）出口增速加快，也有助于印度获得其他更好的外汇融资渠道。

股权投资

在印度，股权投资的比例很低。为了在不影响其他政策目标的前提下大幅增加此类投资，印度采取了一系列政策。从20世纪80年代的整体环境看，私人投资金额一般每年不会超过30亿—40亿卢比。就印度的外汇需求而言，这点投资只不过是杯水车薪。因此，印度决定引入新的机制，尽可能减少不必要的审批流程，在三周到四周的时间内完成外国投资的审批。

不过，印度也要确保在高关税壁垒的情况下，印度市场上的股权投资行为不会导致外汇形势的恶化，这一点至关重要。对于资本过剩的国家而言，股权投资往往是一种"关税跳脱"机制的代名词。在80年代印度这种高贸易保护的市场中，由于高关税和进口限额政策，外国人是无法向印度出口完全组装汽车或其他类似产品的。对于外国制造商而言，与印度企业家成立合资企业，进口关税较低的汽车零部件，然后在印度国内完成组装，也是一个不错的选择。投资人所获得的利润主要来自零部件销售，而并不一定来自投资行为本身。

公司税务

1982年至1985年，印度的企业税率大幅放宽。印度就企业折旧引入了存款规定，有效地将企业税率降低了10个百分点；此外，印度还重新引入了投资津贴，在对落后地区全部现有优惠政策的基础上，对出口利润和旅游利润予以全额免税。在83家资产价值超过5亿卢比的盈利企业中，35家"零纳税"企业的股息总金额共计8.6亿卢比。随着投资补贴的重启，企业又多了"一个选择"，这使得实际的企业所得税率降到了25%，甚至更低。

股息税

在印度重启投资补贴之后，相关利益方提出了取消股息税的建议。除了技术层面的争论之外，有一点事实必须牢记，那就是印度不可能推行一种在对产业工人的工资和酬劳征税的同时，却对顶级企业家的股息予以免税的体制。不论如何，当时企业税的实际税率才25%，而且有许多企业本身就不用缴税。就算从表面上看，的确存在双重征税的说法，但是对于高收入群体来说，股息税率最多不超过20%；而且对许多人来说，股息税本身就已经接近于零了。

消费税

过去，也有人提出过减少消费税的要求。在考虑减少消费税是否必要时，一定要意识到，消费税是否会转嫁给消费者，完全取决于市场结构和相关行业的整体需求情况，而不取决于政府命令。当需求强劲而大型生产商寥寥无几时，企业为了赚更多的钱更愿意缴纳消费税，而不是将其转嫁给消费者。因为只有继续执行消费税规定，才能让整个生产活动获得更高的利润；如果转嫁给消费者，只有当厂家能够生产更多额外产品时才会带来好处。以人造纤维为例，减少消费税对纺织品的价格并没有影响。在判断关于减少消费税的建议时，应确保满足下列条件：

（1）行业的产能利用率较差，且大多数单位都存在亏损；

（2）市场结构富有竞争力；

（3）根据进口政策和进口关税的现状，当厂家不降价时，消费者依然具备一定回旋余地。

股票定价

20世纪80年代，印度股票被普遍低估已成为一种趋势，但这一点并不可取。印度有必要调整股票的定价机制，让股价真实反映出股票的市场价值。如果印度允许人为低估股票的这种行为，那就不应该将股票优先分配给某些利益集团或个人，外国投资人所持股票也不例外。股票低估会造成政府资本利得税（capital gains tax，CGT）收入的减少，并让外国股东的某些"暗箱操作"交易有了可乘之机。当股票被低估时，公开募股是极为必要的。

第十章
危机后的发展战略

1984—1985财年到1990—1991财年，印度工业连续7年实现了高速增长。在此期间，印度工业生产综合指数年均增长率为8.5%，制造业年均增长率为9%。与普遍印象相反的是，印度实现的是各行各业的普涨，而不仅限于汽车、电子产品和耐用消费品等个别部门。当然，这些部门的表现也相当出色，但由于它们在指数中所占比重不大，因此对工业生产总体增长率的贡献度也相对较小。

而到了1991—1992财年，印度的工业生产综合指数却停滞不前了，整体工业产量未能实现增长。尽管电力和煤炭等个别行业的产量大幅提高，但却被其他行业的产量下降全部抵消了。1991—1992财年，制造业产量下降约1.8%。在所有制造业中，生产设备的产量下降最为明显，与20世纪80年代的高增长相比，目前产量已经下降了17%。耐用消费品的产量也出现了类似下降，降幅约为14%。

印度制造业生产的拐点大概出现在1991年4月。在此之前，尽管受到1990—1991财年下半年的海湾危机和印度国内诸多不确定因素的不利影响，但制造业依然保持着总体增长态势。海湾战争爆发后，印度采取了严格的进口限制措施，但这些措施对产量的不利影响多少有些延迟。在调整之初，受到更大影响的是进口产品清单，而不是印度制造业的产量。当时人们普遍认为，海湾战争不会持续很长时间，而进口限制措施也将很快被撤销。事实上，海湾战争的确只打了六个月的时间，但战争的不利影响加上印度政治的不确定性，却使印度的情况变得越发复杂。除了油价上涨直接影响了印度的国际收支，海外印侨存款的减少和印度商业银行停止放贷，也让印度面临着流动性紧缩的压力。结果，进口限制政策反而越来越严格；这自然会影响1991—1992财年的产量，因为进口原材料的库存水平已经很低了。

1991年4月之后，在需求侧多种因素的共同作用下，进口限制政策对产量的影响进一步加剧。首先，此时印度与苏联贸易的急剧萎缩和西方国家的经济衰退影响了传统市场的整体出口需求。其次，印度财政调整和政府支出的减少影响了投资品的需求。最后，印度在考虑整体货币政策时进行了必要的加息，这不仅增加了投资成本，也抑制了私人信贷的需求。上述因素的共同作用，加上长时间的进口限制政策，都对印度的制造业生产带来了不利影响。

在此背景之下，我们有必要搞清楚，哪些因素一旦落实，就可以增加在新建厂房和技术创新方面的投资。下面，我们将就其中的一些具体因素展开讨论。

宏观经济稳定性

印度和其他国家的历史经验表明，宏观经济的稳定是工业投资增长的必要条件，但不是充分条件。宏观经济不稳定，不仅会削弱人们对经济的长期信心，阻碍投资，还会降低投资的效率。通过短期套利和投机活动快速获利的渴望，完全压倒了对商品生产部门进行长期投资的意愿。宏观经济之所以会不稳定，可能是由于政治因素或其他原因导致了政府的宏观经济决策失误，或是发生了超出政府控制范围的事件。谈到1988年至1991年印度宏观经济的不稳定情况，上述两方面的原因其实都存在。在此期间，印度接连进行了两次大选和三次政府更迭，经历了好几段破坏经济稳定的国内发展时期，国际上还爆发了海湾战争（给印度造成了巨大负担）和苏联解体等不稳定因素。由此造成的宏观经济不稳定，不仅直接造成了融资和财政困难，还不可避免地影响了印度的长期投资环境。因此，恢复宏观经济稳定，对于恢复投资和增长而言至关重要。这也是印度政府在此期间提出的维稳计划的重要目标之一。

"需求" 情况

此外，我们还必须认识到，稳定政策和促进投资政策之间存在着矛盾。紧缩的货币和财政政策有利于经济稳定，但会增加投资成本和风险。高利润率和强劲需求有利于经济增长，而低利润率和疲软需求则是抑制通胀的必要条件。尽管1991年印度的货币供应增长了近20%，但许多行业仍然面临着需求问题。其原因可能在于政府支出的减少，要知道政府支出是许多行业需求的重要来源；也可能是因为金融市场的资金流入增加了，或是固定收入人群考虑到物价上涨而推迟了可自由支配的消费支出。此外，苏联贸易的崩溃，加之经合组织成员背负的沉重债务，也影响了依靠这些市场的相关行业需求。

在20世纪80年代，印度想要大幅增加公共投资是不现实的。在这种情况下，对于工业公司而言，最好的策略就是将资金集中投资到那些不依赖国内需求的领域，出口显然是其中之一。在此期间，印度的出口盈利水平出现了大幅提升；印度取消了不少阻碍生产和投资的政策；许多公司都在海外市场站稳了脚跟。印度还有另一个优势：一些在20世纪七八十年代出口表现出色的东亚国家的工资成本都比印度涨得快。印度在世界贸易中所占份额曾经不足0.5%，这意味着，印度想要通过增加投资来扩大出口，其实并不需要看世界经济的总体需求是否扩大。

印度的许多行业都面临着被淘汰的问题。在竞争性更强的环境中，只有那些不断更新技术和产品组合的公司才可能生存下去。在印度切实废除了行业许可制度之后，大批新公司将涌入有利可图的制造行业。这些新公司的优势在于它们拥有现代技术，能够生产出满足各类需求的新产品。与此同时，现有公司在地理位置、场地成本、员工培训和销售网络等方面仍然具备优势。

"节能"行业是另一个具备巨大投资潜力的重要领域,即便在最终消费需求低迷的情况下也是如此。总的来说,印度工业的整体能源使用效率比较低,其单位能耗要远远高于其他国家。随着能源定价政策和汇率制度的变化,印度能源成本的上涨速度在一段时间内明显高于其他制成品的涨价速度。即使在总体需求紧缩的情况下,投资节能行业依然是提高工业盈利能力的重要动力之一。

融资情况

建立运行良好的金融体系,对于投资增长也至关重要。融资主要涉及两方面问题:资金的可用性和融资成本。关于资金的可用性,印度急需提高个人储蓄,让人们可以进行私人投资,这一点较从前更为迫切。政府致力于减少财政赤字,这意味着政府向银行和家庭的借款在GDP中的占比将会下降。这样一来,人们就可以将一些原本可能用于政府消费或公共投资的储蓄拿来进行个人投资。政府借的资金少,能够用于其他投资的资金就越多。但是,要做到这一点,首先必须确保政府减少借款不会导致收入和储蓄总额的下降。这进一步强调了创造有利投资环境的重要性,因为只有投资增加了,经济增长和储蓄水平才能够得以保持。

在过去几年中,印度的资金成本有所上升,长期实际利率（即名义利率剔除通胀影响）保持在6%—7%，高于工业化国家和部分半工业化国家的普遍水平。从长远看，印度的实际利率有理由降低。但是，在实现这一目标时，需要考虑两个问题。第一，印度的利率结构一直很复杂，利率优惠程度较高。因此，正常利率或非优惠利率往往看上去会高于应有水平。第二，货币供应量的增长高于目标，为了应对这种情况，印度必须采取抑制货币供应量的利率政策。

财政政策

长久以来，财政政策在促进总体投资或特殊地区投资方面的作用，一直都是财政专家们热议的话题。随着时间的推移，包括印度在内的一些国家尝试了各种各样的投资补贴或存款计划。虽然没有明确的证据来证明这些优惠措施是否起到了促进投资的作用，但总的来说，财政专家们一致认为，与较高的企业税率辅以对新工厂或特殊地区的投资减税优惠相比，在没有特殊优惠政策的情况下采取较为适中的企业税率，是一种更好的税制选择。后者不仅更容易执行到位，还能避免企业为了钻政策优惠的空子，将资源浪费在低收益、低效能的生产活动当中。

在财政政策领域，另一个与投资有关的问题就是进口生产设备的征税问题。这里的矛盾之处在于，一方面，印度已经形成了较为成熟的生产设备制造业，在多种因素的影响下，这一产业需要关税保护。另一方面，为了降低成本并提高用户行业的竞争力，印度又有必要将关税降低至更合理的水平。在权衡利弊之后，印度政府宣布将在未来一段时间内降低进口关税，并将分阶段实施，为印度国内工业现代化提供发展空间，使其在成本上更具竞争力。

进口政策与对外合作

印度放宽了与进口、对外合作和外商投资相关的多项政策，打造出极具吸引力的投资环境。印度政府的总体思路非常清晰：制定有利于国内投资的进口政策和外商投资政策。此举让许多老大难问题得到了解决。

基础设施建设

印度还放宽了基础设施和电力部门的私人投资政策，进一步促进了总投资的提高。在变化的环境中，印度中央政府弱化了自身在发放行业许可和控制经济活动方面的作用，而各邦政府则通过独立管理，提高了基础设施和发电厂的运营效率，做出了最重要的贡献。

"高效"的国营部门

20世纪80年代，采矿、制造、建筑、电力和金融等行业所创造的GDP中，有53%来自印度国营部门。1960—1961财年，印度国营部门对GDP的贡献率仅为11%；而到了20世纪80年代，该比例已提高至40%左右。

鉴于采矿、制造、建筑、电力和金融等行业的总产值占印度GDP的一半以上，印度的未来将显然与上述国有企业的业绩密切相关。这不光是企业的盈利能力问题，还涉及它们对印度国内生产和投资增长的贡献问题。印度政府已经不再有理由为国有企业的经营损失提供补贴，或为其后期投资提供足够的资源了。在这种情况下，印度国有企业想要寻求生存和发展，只能更多地依靠自己。但是，必须意识到印度国有企业一旦出了问题，必将波及其他经济领域，因为它们既是产品和服务的供应方，同时也是购买方，与其他企业和部门有着十分紧密的联系。

总而言之，印度20世纪80年代工业前景整体向好，90年代初实现了每年8%—9%的工业增长。在此之前的40年中，尽管印度面临着各种问题和国内外困境，但依然在一半的年份中保持了这种增长势头。印度之所以能在20世纪90年代进一步提高工业增长率，关键就在于有效投资，这也是印度今后需要长期努力的方向。

第十一章
金融和发展范式的转变

在1991年以前，印度金融系统发挥的作用是极为有限的，资源配置由印度中央政府统一掌控，金融市场的调配作用毫无用武之地。在很大程度上，由于利率受印度政府调控，居民储蓄已经被较高的法定准备金率和流动比率提前挤占了，因此金融体系在刺激储蓄和资本积累方面的作用也极为有限。随着新的银行和金融机构的建立，老牌银行纷纷被印度政府接管，主要功能是吸收存款，并为印度政府指定项目及集中确定的项目提供贷款及融资服务。

到了20世纪90年代，所有发展中国家都转向了更加市场化的发展战略，印度的发展范式也发生了剧变。发展观念之所以会转变，主要是因为对早期发展战略的质疑，因为不论从收入增长还是工业发展来看，其实际成效都远远低于预期。尽管在包括印度在内的一些国家中，国内储蓄率都实现了大幅提升，但是，收入增长率却依旧停留在较低水平。同时，伴随着储蓄率的提高，资源配置和使用效率却依然低下，导致资本产出率持续上升。而经济增长相对较慢的时期，也是印度国际收支如履薄冰、反复出现危机的时期。更让人感到困惑的是，为了减少自身对国际援助和对外贸易的依赖，印度专门采取了相关措施，结果反而加剧了对这两方面的依赖。

另一个促成观念转变的重要原因在于，日本和若干东亚国家通过推行以市场为导向的工业发展战略，成功实现了经济增长提速，并取得了惊人的成就；当然，政府也在其中发挥了不同程度的"指导"作用。1953年至1973年，日本经济保持了8%的人均增长率，这在经济发展史上是罕见的。没有哪个国家的经济增速能够高到如此地步。日本从战后废墟中东山再起，成为世界上第二大经济体。东亚的工业化进程也取得了与日本相似的成功，尤其是韩国、新加坡等国家及中国香港和中国台湾地区。20世纪50年代，这些地区的人均收入和工业化程度与亚洲其他地区无异。然而，经过30年的发展之后，其发达水平已经能够追赶上西方的工业化国家了。随着苏联的解体，所有的东欧国家都接受了市场主导的发展战略，这一变化也成瓦解印度早期发展战略的最后及决定性因素。

随着发展范式的转变，人们关于金融体系在发展中的作用的观念也发生了转变。建设一个运行良好的金融体系来调动和分配储蓄，是实现商品市场自由化的基本保证。银行、金融机构和资本市场的作用不再局限于将储蓄引导到既定的投资方向，更是成为根据不同投资产品的相对收益率，对储蓄进行分配的重要工具。

1997年年中亚洲金融危机爆发之后，人们对于金融体系在发展中所起作用的看法，又发生了进一步变化。此前，人们认为，应该以发展实体经济为主，以此来引领并推动金融体系的发展。而现在，金融体系的有效发展已经不再处于"辅助"地位，也不再是实体经济发展的附属品，而是成为经济增长的必要前提。

亚洲经济危机之后，理论文献的研究结果证明了，金融体系在发展过程中发挥着关键作用，也进一步佐证了国家支持金融发展的重要性。关于20世纪七八十年代金融自由化的论文指出，国家采取"金融抑制"措施（financial repression）是会付出代价的，尤其是利率和汇率管制措施，不仅会限制金融机构的发展，还会降低经济的实际增长速度。关于内生式增长的研究指出，金融市场是重要的创新源泉和经济增长动力，进一步佐证了上述研究成果。事实证明，一个有效的、运作良好的金融体系能够有效提高储蓄率、投资率和资本生产率，并对国家的经济增长做出重要贡献。

这种观念的转变也引发了许多关于金融市场的讨论：金融市场区别于产品市场和要素市场的本质和特点究竟是什么？金融市场有何特殊性？是否需要一套不同的监管制度？在全球化的背景之下，在确保金融体系的活力和诚信方面、国际、国内机构和监管机制应该发挥哪些相关作用？

众所周知，金融市场的确存在一些与众不同的特点。其中最重要的特点就在于，金融市场的资金交易量庞大，而且资金在不同金融市场和不同投资产品之间流动的速度也非常快。此外，不同金融市场和不同投资产品之间也存在着显著差异，这也是一大特点。金融交易可以高度杠杆化，而那些真正做出交易决策的人，也可能将决策失败的风险转嫁给其他无辜的人。

金融中介的作用，是上述金融市场的另一个有趣特征。金融市场也有细分，比如股市和债市，投资者可自行决定在什么时间将自己的钱投资到哪个市场。这些细分市场由银行、公积金、养老金、共同基金等金融中介机构主导，代表各自的储户做出投资决策，并承担相应风险。这些金融市场的另一个重要特征是其所谓"负外部性"，即不论哪一个细分市场出了问题，都必定波及其他市场，非金融市场也不能幸免。

金融市场还极易受到"自我实现"预言或预期的影响。有时候，"自我实现"预期会让有限群体中的操作者产生行为同化，进而引发恐慌。鉴于金融市场的外部性、波动性等诸多特点，普遍观点认为，国家应对金融市场进行严密监测和严格监管。随着世界金融市场日趋一体化，如果某国的国内金融市场出现了问题和薄弱环节，很可能会对国际金融市场造成影响。同样地，如果外部市场出现了问题，也有可能严重影响国内金融市场的正常运行，即便相关国家采取了审慎的宏观经济政策，也无济于事。

鉴于国内金融市场与外部市场的关系如此紧密，国内监管机构和国际金融机构的职责问题也被提上了议事日程。亚洲金融危机爆发后，在俄罗斯、巴西等诸多国家的后续经济发展过程中，许多问题都浮出了水面。接下来，我们将探讨的是本次金融危机的教训。

亚洲金融危机的教训

关于亚洲金融危机的成因及其后果，人们已经讨论了很多，也形成了许多的文章。从某种程度上讲，关于亚洲金融危机的论文，与早前关于"亚洲经济奇迹"的论文一样令人印象深刻。只不过后者带来的是发展中国家应该从亚洲经济崛起中汲取的积极经验。而在此，我们希望试着在亚洲金融危机的背景之下，从金融和发展的关系入手，找到相关影响因素以及发展中国家应该从中汲取的教训，以免未来再度遭遇类似的毁灭性打击。

我们必须牢记的是，在宏观经济政策或汇率政策的执行方面，有时就算犯了很小的错误，也可能导致重大危机，这一点很重要。亚洲危机的成因当然是多方面的，在不同的东亚国家中，宏观经济及其他政策的失败程度也不尽相同。然而，在其中几个国家，宏观政策偏离最佳实践和审慎原则的程度其实并不严重。它们可能只是勉强维持了一到两周的固定汇率，这比预期的时间稍微久了点，或是没能尽早采取正确的货币或财政措施。然而，正是由于这些决策失误，导致其经济遭受了巨大的破坏和损失，其规模和程度是前所未有的。巧合的是，1995年初，墨西哥和阿根廷也经历了相同的金融危机。在危机爆发之际，国际货币基金组织、美国和世界银行发起了大规模国际救援行动，并采取了相似的措施。上述所有金融危机的直接原因都在于，这些国家的资金流向发生了猝不及防的逆转，而它们对这些资金又极度依赖。要想培养资金的信心，建立资金逐渐回流的环境，需要花相对较长的时间。然而，信心的丧失和资金的迅速撤离却不费功夫。有意思的是，资金流动性急转直下不仅是因为国外放贷人或投资人的迅速撤资，还因为持有其国内资产的居民也在争先恐后地将所持资产变现或兑换成外币。

问题在于，控制流动性绝非易事。虽然资本账户自由化和大规模资金流动为经济增长带来了很多好处，但是它们也让资产价格和包括外汇市场在内的金融市场更具波动性。当未来的经济或政治前景不确定时，这可能会给实体经济带来无法预料的破坏。正如前文提到的，当一个国家充满了不确定时，对未来的这种负面预期往往最终会"自我实现"。一个脆弱的金融体系会加剧这种波动性，从而导致严重的发展问题，记住这一点很重要。有一点必须强调，墨西哥或亚洲金融危机带给我们的教训，不是去反对资金流动或经常项目可兑换（CAC）；其关键在于，应该谨慎并妥善地处理此类流动性危机，同时加快居民资本账户自由化的步伐。这还牵涉到建立国内安全网络的问题，例如国家应根据短期外债的情况，保持相对较高的流动性外汇储备水平，以确保流动性安全。

不可否认的是，尽管东亚国家在早期取得了辉煌的经济成就，但其金融体系依然存在着一些薄弱环节。这导致银行没有受到有效的审慎监管和监督，进而造成了这些国家的信贷规模大幅扩张。银行在发展房地产和其他非生产性资产业务的过程中，形成了大量的资产与负债之间及不同货币之间的错配，导致这部分头寸的管理难度极大。此外，银行还积累了巨额的表外负债，一旦陷入危机，这些负债就会由表外转至表内。跨境同业拆借的头寸也很大。非银行金融公司（NBFCs）由于很少或根本不受监管，也加速了危机的爆发。

此外，企业融资的杠杆水平也很高。这些国家不仅外债利率很低，而且汇率也是固定的，这让企业更倾向于持有大量没有对冲的资金头寸。高额短期外债的杠杆化现象主要集中于私营企业中。因此，总的来说，金融部门存在其固有的薄弱环节，一旦预期转差，这些薄弱环节很可能转化为恐慌。

亚洲金融危机无疑凸显了金融体系与发展的双向互动，并强调了合理政策框架的必要性。通过推进市场化改革提高金融部门的效率，是新的发展范式需要重点关注的问题。然而，要想加强金融体系建设，实现金融稳定和可持续发展，相关的政策规定、实践规范和必要限制是必不可少的。与此同时，国家还应该对那些未暴露但会导致系统性金融风险（例如巨额财政赤字）的经济发展政策予以适当的重视。

这里涉及了另一个相关问题，那就是如何拿捏好金融管制和自由市场之间的平衡问题。尽管自由化对于提高效率至关重要，但是考虑到在确保金融系统稳定的问题上，私人利益和社会利益存在着巨大差异，自由化同时也引发了另一个同等重要的问题，即国家应该如何建立监管框架的问题。因此，通过规定审慎经营的风险限额、短期外债指标和银行体系头寸期限错配水平，建立起一套合理的监管体制，对于最大限度地降低金融系统稳定性风险具有至关重要的意义。

从亚洲金融危机中，我们得到的最重要的教训是，必须对可能影响一国与世界其他地区金融关系的国内外发展契机保持警惕。全球金融一体化的进程带来了产品的创新和效率的提高，但也使发展中国家暴露于新的风险之下，使其更容易受到外部冲击。仅凭一国强大的经济基本面，也难以保证该国能够在危机中全身而退；必须未雨绸缪，提前修筑防火墙，打造便捷的安全网络。

印度的经验

有了亚洲金融危机的深刻教训，我们有必要从过去发展经验、当前发展阶段和未来相关问题等角度，重新审视印度的金融体制改革。

印度自独立之后，在40多年的发展战略中，一直强调国家在发展中的主导地位，在调动储蓄、实现储蓄在国家及相关机构间的分配等方面，国家均发挥了主要作用。直到印度"八五"规划，金融部门和金融市场的作用才在规划中首次得到了明确。强调通过国家对某些关键领域的干预来快速提高投资率，意味着国家以优惠利率将信贷资金引导至相关优先发展领域，对银行实行公有制管理，并通过政策规定限制其经营活动。这种体制的典型特征有：高准备金率和高法定流动性比率下的定向贷款计划、存贷款利率上限、优先行业贷款、银行分支机构审批以及银行贷款和投资组合的监管细则等。

就外部融资而言，印度主要依赖于双边和多边的官方发展援助资金，并未将私人外部资本的流入作为补充国内储蓄的一种手段。在汇率方面，印度对所有外汇交易实施了全面管理，并视具体情况逐一进行审批。由于采取了普遍的外汇管制，印度的金融体系在很大程度上与国际市场保持绝缘。然而，这并没有阻挡印度年复一年地遭受经常性国际收支危机，也没能减少印度对国际货币基金组织的援助及贷款的依赖。

可见，印度金融系统几乎不存在国内或国际竞争，交易成本和效率也不是印度关注的主要问题，运行效率和盈利能力较差成为一种普遍现象。另外，金融系统的问责制也不甚严格。到了20世纪90年代初，印度的金融体系已经明显发展到了如果不彻底改革就难以为继的地步。

在对外金融政策方面，印度一直推行汇率市场化政策。多年来，随着外国直接投资和组合投资自由化的持续推进，印度已大大简化了相关审批程序。因此，到了20世纪90年代中期，印度对资金流入、流出及其相关服务的限制已降至最低。此外，印度还大幅放宽了企业利用境外股权融资和长期贷款融资的相关规定。银行在遵守审慎经营原则的同时，在境外融资和管理对外债务方面也获得了更大的自由。上述变化及其他改革所带来的最终结果是，金融市场中的细分市场日趋一体，印度金融体系与国际金融市场上的普遍做法日趋一致，投资者进入国内和国际市场的投资途径日趋多样。同时，印度还采取了相关措施，避免发生短期外债以及资产与负债的过度错配问题。

印度还通过放宽银行业准入和退出条件、允许印度国营银行通过资本市场筹集（一定水平的）额外资金等方式，促进了银行业的竞争。虽然印度国营银行继续占据着主导地位，但随着银行业的竞争环境不断变化，银行在业务实践和信息披露等方面都发生了巨大的变化。

审慎监管和监督也是印度金融改革方案的重要组成部分。印度在资本充足率、收入确认、拨备要求及监管等方面，均采取了国际通行的审慎原则和惯例。多年来，尤其是在亚洲金融危机的背景之下，印度逐渐收紧了这些规定。到了20世纪90年代中期，印度将银行业的资本充足率要求从8%提高到了9%。印度政府有价证券按市值计价的估值比例由1992—1993财年的30%逐步提高至1996年的75%。印度还将价格变化因素纳入政府债券和其他证券的风险权重之中，作为进一步加强信贷风险和市场风险审慎监管的措施。

20世纪90年代，印度曾采取措施，避免因"关联贷款"引发各种问题。新规限制了个别银行和非银行金融公司对特定借款人或借款团体的风险敞口，以及银行系统对股权和股权质押贷款的风险敞口，还缩紧了房地产的风险敞口。此外，新规还从审慎角度出发，规定了金融体系和企业部门的外债限额。

为了建设强大且稳定的金融体系，印度健全了监管体制机制，采取了非现场监管与定期现场监管相结合的形式，监测银行的风险情况以及遵守审慎经营原则的情况，严格落实巴塞尔银行监管委员会发布的《有效银行监管的核心原则》（*Core Principles for Effective Banking Supervision*）。印度央行的监管职责范围也扩大到了所有的金融机构和非银行金融公司。

随着印度多措并举，印度银行系统在20世纪90年代有了明显起色，扭转了利润和银行资本缩水的趋势。1994—1995财年至1997—1998财年，印度国营银行实现的净利润在总资产中的占比平均为0.4%，反观1992—1993财年至1993—1994财年，印度国营银行的实际亏损占比约为1%。印度国营银行的不良资产总额（不考虑拨备）在总资产中的占比从1992—1993财年的12%左右下降至1997—1998财年的7%左右。随着经营的不断改善，大部分银行都能够依靠内部资源和市场运作来满足自身的资金需求，不再依赖于财政预算的支持。20世纪90年代，印度通过不断加强金融体系建设，增强了自身抵御外部危机的能力。亚洲金融危机对印度的金融市场几乎没有任何影响，就足以证明这一点。

未来计划

展望未来，印度必须继续加强对银行审慎经营、拨备和资金运作的监管，促进印度金融体系不断向国际最佳准则靠拢。与此同时，印度应继续采取措施，加强金融体系的透明度、信息披露和问责制，让投资者和交易对手能够在充分知情的情况下，根据自己对市场风险及其他相关风险的评估做出决策，这一点同样重要。毫无疑问，严格执行审慎经营原则必然会给银行及其他金融机构带来一定程度的痛苦和更大的责任；但是，鉴于金融事件广受国际社会关注及其复杂的外部性和相互联系，对金融部门的监管已不再是一个可选可不选的问题，也不仅仅是该国所关注的问题，而是势在必行的。在未来一段时间内，世界各国是否愿意通过贸易贷款、直接投资或其他投资和贷款等形式同一个国家开展金融业务，很可能取决于它们对该国金融实践的信心。印度必须在审慎管理方面继续保持领先。

按照国际标准，印度银行系统的不良资产水平太高了。要解决这个问题，应该从某些衰退行业遗留下来的不良资产结转问题着手。而令问题更加复杂的现实是，一些银行的基本面非常差，已经到了如果不进行彻底重组就难以恢复盈利能力的地步。先撇开这些较差的银行不谈，即便是那些盈利的银行，不良资产水平也同样很高。这些银行必须采取有效措施，加强内控和风险管理制度的建设，建立早期预警机制，及时发现问题，迅速采取行动。此外，要彻底解决不良资产问题，企业也必须加强自身的问责制，在违约时加强信息披露，同时建立有效的征信系统。20世纪90年代，印度开始针对上述各个方面采取行动，在更加严格的会计准则和审慎原则的助力之下，不良资产的问题有望在未来得到有效控制。

银行和金融机构要想使自身的资产增长与经济的实际增长保持一致，就必须持续加强资金运作。1990年，印度立法规定，印度央行对印度国家银行（State Bank of India，SBI）的最低持股比例为55%；而印度政府在国营银行的最低持股比例为51%。目前，在遵守审慎经营原则的前提下，一部分实力雄厚的银行有能力通过资本市场融资，来满足自身的资金需求。未来，按照现行规定的印度央行和政府的最低持股比例，在上述银行中，包括印度国家银行在内的部分银行从资本市场继续融资的余地将越来越小。到了2000年，这些银行要想使风险加权资产的增长跟上经济增长的速度，所需额外融资预计将超过1000亿卢比，而1997年，这些银行从资本市场融资的余地尚不足100亿卢比。尽管印度政府允许银行通过内部运作和次级债务等途径获得额外的储备资金，但是，银行的额外资金需求与近期的市场筹资余地之间的差距依然相当大。

在这种情况下，我们需要探讨和解决的问题是，这个资金缺口是应该由印度央行和政府出资来填补，还是应该提高印度国营银行的法定公众持股比例上限，让银行通过资本市场进行融资。如果由印度央行来提供额外资金的话，将无异于货币化操作，其效果相当于央行发行了额外的货币。如果由印度政府来为银行提供资金，也会产生类似的效果，因为这样做会增加政府的赤字。不论如何，印度政府都得为那些没有能力自筹资金的实力较差的银行提供额外资金。但是，从经济角度和财政角度考虑，进一步增加印度政府负担的意义何在？再三权衡之下，提高印度国营银行在资本市场进行股权融资的上限，应该是可取的。

与此同时，我们必须意识到，为了给予农业信贷和农村银行业务足够的关注，并维护印度大众对银行安全的信心，这些银行的国有属性是必须坚持下去的。既要扩大印度国营银行参与市场融资的空间，又要保持目前由政府持有的国营银行的国有属性，综合考虑之下，印度政府似乎应该对个人或企业在国营银行的持股比例上限进行规定。此外，如果印度政府愿意的话，还应该保留对国营银行总裁及大部分董事会成员的任命权。

随着金融市场自由化和机构改革的不断推进，不同金融细分市场之间的关系也将日益紧密。除了银行和金融机构，各类金融中介机构的出现，也反映了金融业的健康良性发展。当出现不可预见的问题时，多元化结构更有利于提高金融体系的稳定性。虽然印度在发展不同细分市场方面取得了进展，但20世纪90年代，这些市场的发展程度尚浅，成交量较低，参与人数较少。未来工作的重中之重就是扩展这些市场的深度和广度，并允许各类不同风险和杠杆水平的金融服务中介参与其中。

此外，印度还必须采取措施，增加利率结构的灵活性，以适应经济周期和通胀预期的变化。1997年，在印度的银行业和其他金融部门中，利率的灵活性依然面临着种种限制。由于印度历史原因、消费者偏好和国家要求等多种因素的共同作用，某些限制规定根深蒂固，要想实现上述目标，需要花较长的时间。然而，印度只有尽早采取措施，才能够在21世纪建设强大而稳定的金融体系。

第十二章
全球化背景下的管理挑战

众所周知，21世纪伊始，全球经济在贸易机会方面发生了重大变化，一体化程度和竞争水平较之前越来越高。在多边自由的体制之下，各国不仅会消除大部分现有的贸易壁垒，还可能逐步取消对资金、劳动力和技术跨境流动的限制措施。这将对印度产生什么样的影响？不论是企业管理者，还是政策制定者，都应该仔细考虑这个问题。

管理挑战：核心问题

显而易见，全球市场的不断扩张和贸易保护措施的逐步取消，将对印度经济的发展产生重大影响。作为一个传统的经济增长点，庞大的国内市场在保护印度工业发展方面起到了积极作用，但随着贸易机会的增加，其重要性已大不如前。因此，印度在国内和国际市场的渗透能力，主要取决于印度相对于其他国家的竞争实力。

21世纪，各国的竞争实力的来源和本质与19世纪和20世纪有着显著不同。在这一时期，全球商业领袖的竞争优势来自科学发明方面的重大突破，及其成果在各国之间的不断传播。21世纪的科技创新既不纯粹取决于资金，也不取决于个别国家的垄断地位。资金和技术都是可流动的。与硬件相比，技术不属于实物，能够在各国之间实现更快的传播，从而缩小国家与国家之间的技术差距。在21世纪，除技术领先之外，企业的战略发展、企业在日新月异的国际环境中的适应能力及其在各领域核心竞争力的提高，越来越多地影响并决定着一国的竞争实力。上述挑战主要体现在管理和技术方面。

对于投资不足的国家来说，提高储蓄和投资水平，是加强国家参与全球竞争能力的一项重要挑战。这也是印度发展的重中之重，因为印度在许多领域的投资需求都很高。不过，在重视投资的同时，还必须重视发展生产力，以提高竞争实力。

在经济学中，有一句格言：光靠生产要素的增长，并不足以为经济的持续长期增长提供动力。影响一国经济稳定发展条件的因素有很多，积累资本的数量只是其中之一。在缺乏生产力增长的情况下，收益递减规律会最终降低资本回报率，并减缓经济的增长速度。相反，经济的长期增长取决于两点：一是对稀缺资本和劳动力的利用是否有效，二是利用的效率高不高。因此，效率和竞争力才是一国经济实现长期增长的关键因素；技术的进步和创新以及人力资源开发，才是维持一国经济长期发展的基础和国际竞争力的主导力量。

在企业层面，企业的绩效对于可持续发展和保持竞争力至关重要。企业的效率取决于其赖以生存的公共政策环境的本质，以及在当前的宏观环境下，企业是否能够实现发展所需的经济规模和生产配置效率。因此，发展中国家在制定经济发展战略时，更加注重宏观政策和监管的本质。这是情理之中的事情。所以，在经济领域，目前的生存和发展困境主要集中在如何通过采取改进效率措施以及重塑投资者信心的方式，提高国家的相对竞争实力。与自给自足的封闭金融体系相比，在全球市场日渐一体化的情况下，政策执行效果欠佳的风险其实很高。在一个竞争激烈的世界中，任何忽视这一事实的国家，都将付出沉重代价。

变革中的印度

在跻身现代国家之前，印度在航海时代有着相当丰富的贸易历史。早在中世纪时，印度就享有"商业贸易中心"的美誉。印度不仅开始从事自由贸易的时间很早，一些产品还在世界贸易中保持着竞争优势。虽然沦为殖民地之后，印度的贸易竞争实力几乎未受影响，然而，印度缺乏接触现代科技的机会，在市场组织方面也较为落后。

从19世纪到20世纪初期，印度出口一直处于顺差状态。在某些年份，出口顺差甚至高达出口总额的40%。在此期间，印度的工业、教育及行政机构建设也在缓慢发生变革，最终在印度独立之后厚积薄发。印度的工业实力之所以停滞不前，主要是由于技术落后，除铁路之外，各类基础设施都很缺乏。独立前的政策体制并没有为有竞争实力的工业部门创造有利的发展条件。印度的竞争实力几乎全部来自廉价劳动力和原材料。从农业经济向工业经济转变，增强关键行业国内企业的实力，满足眼前的迫切需求和人民的愿望，这些都是一个刚刚独立的国家所面临的重要管理挑战。因此，国家在发展经济中的作用也变得更为重要。不过，印度依然是在保持其国有企业主体地位的前提下，大力支持私营企业的发展。

到了20世纪90年代，印度的管理挑战从本质上讲，已经与独立初期截然不同了。印度取消了行业许可证等管控措施，给予外国投资和技术转让更多自由，对金融部门进行了简政放权，还通过降低关税减少了对国内的贸易保护，不仅大大提高了市场对经济的调控作用，同时也让国内的工业部门完全暴露在国内和国际竞争之下。至此，印度开启了针对企业核心竞争力和长期实力、杠杆头寸、战略同盟、营销策略及科研需求的全方位重组过程。这种企业重组同时涉及私营和国有企业。整个行业的竞争意识越来越强，开始注重培养自身在科技、技术和成本竞争力等方面的优势。此外，印度企业家和管理者的态度也发生了明显转变，开始更加重视消费者偏好和前瞻性规划，通过制定具体发展战略，提升企业的市场占有率。

以消费者为中心的企业管理文化逐步成为现代经济自由发展的核心。这是因为消费者的"选择"和"个人主动性"极为重要，是提高产业效率的基础。因此，政府对经济的调控作用开始向辅助地位转变，如维持宏观经济的稳定性，保护公民权利并为之创造平等机会等。

在印度对经济的长期调控下，许多行业的实力都得到了巩固。在一些重要的优势行业中，也开始出现明显的细分产业。印度实现了粮食上的自给自足，在许多核心领域的本土技术实力得到了发展，教育水平稳步提高，培养了大批专业技术人才。在金融、法律和企业治理等方面，印度的制度基础建设已日趋成熟，为市场发展打下了坚实基础。在提高生产率方面，尽管其长期趋势未见强势，但近年来已取得了明显进步。据研究预计，20世纪80年代，印度经济的全要素生产率增长了2.3%，超过了许多经济快速增长的国家。

在印度发展的过程中，也存在一些薄弱环节，例如打造稳定、可持续的投资环境，建设基本的公共民生保障设施，促进竞争并体现必要的管理驱动力，推动国内生产力转化为国际竞争优势等。印度在国际贸易中的出口占比依然很小。从全球竞争指标来看，印度的核心竞争力依然较弱。然而，世界经济论坛发布的《1997年全球竞争力报告》显示，根据商业调查受访者的主观反馈来看，在20世纪90年代中期，印度的竞争实力排名很高。这说明，与竞争力指标相比，投资者对印度经济的发展前景更为乐观。

简而言之，印度经济在20世纪90年代实现了稳步发展，显示出了印度国家竞争力不断提升的积极迹象。随着世界经济的开放程度越来越高，贸易、资金和技术的跨境流动日益增加。印度充分把握发展机遇，逐步推进经济对外开放，将企业、投资人和印度经济置身于外部竞争之中。只有随机应变，规避僵化对行业和经济构成的潜在风险，才能应对各种挑战。而这些挑战中，最为严峻的当属管理挑战。

迎接管理挑战

印度的管理挑战主要在于，加强战略定位，采取提高生产力和经济效率的措施和做法，提升企业的国际竞争力。印度的工业已经显示出复苏迹象，并已具备了抵御外部竞争所必需的实力。20世纪90年代，印度经历了一次企业重组过程，企业管理者凭借自身的管理能力，积极应对日益激烈的行业竞争。

在迎接全球挑战的背景之下，企业管理的"专业性"和"组织有效性"作为重要的国家标准，再怎么强调都不为过。竞争的本质就是区分强者与弱者。随着世界经济日益开放，竞争的意义变得更为重要，因为在国内实力强大的企业，在走向国际后，就未必那么强大了。不论是与个体客户或集团客户打交道方面，还是提高质量标准和经营效益方面，西方国家最强大的竞争优势都来自它们的专业标准。专业既是每个人追求价值和相互信任的产物，也是一家集团或企业将每个人的贡献集中起来并加以利用，追求组织有效性的产物。提高专业性和组织有效性，对于私营和国有企业都同样适用。印度的社会价值观将通过上述方式，对塑造印度的未来竞争力发挥重要作用。

另一个挑战在于逐步脱离贸易保护主义，为更大程度的开放做好准备。自1991—1992财年以来，印度接连调降了关税，在很大程度上降低了印度国内的贸易保护程度。业界也通过积极调整竞争环境，很好地应对了这一挑战。随着全球贸易一体化不断推进和世贸组织成员关税减让的基本义务，印度关税已实现了与国际水平的接轨。

要想保持企业的竞争力，最重要的一点就是增强企业的内部实力，将长期发展要点体现到企业的规划当中，打造出独特的市场优势。这就需要明确印度的核心竞争力是什么，并采取措施来不断强化这一优势。鉴于印度企业发展历史悠久，围绕比较优势，打造核心竞争力并不是一项艰巨的任务。印度企业的部分产品已经占据了市场领先地位。不少印度企业在保持产品质量和成本竞争力方面表现出色，成功维护了与国内及国际客户的长期合作关系。要想应对日益激烈的国际竞争，必须注重培养企业的长期竞争实力，加大科技研发力度，同时提高技术要求和管理能力。

在越来越开放的世界经济中，从政策角度应对挑战，也具有十分重要的意义。需要指出的是，要想企业的具体发展战略取得成功，就必须打造出一个有利于提高企业竞争力和效率的政策环境。在这里，政府既是信心缔造者，也是发展的催化剂和协调者，其重要作用主要体现在三个方面。首先，在关系错综复杂的全球市场中，宏观经济政策的目标是减少不确定性，降低投资人和储户的风险。这就需要国家制定可持续发展政策，建立可靠的金融保障体系，抵御不利的国际冲击，限制风险敞口，以维持稳定的内部和外部经济环境。印度经济的宏观基本面向好，主要表现在通货膨胀率较低、国际收支中经常账户赤字较低、财政紧缩、金融部门的审慎经营原则以及系统风险敞口的限制等方面。随着全球经济一体化的持续推进，这些基本面指标将变得更加重要。

其次，基础设施建设投资也需要政策给予优先扶持。如果不能大幅改善电力、运输和通信等行业的基础设施建设，很难想象印度该如何保持长期竞争力。在印度，基础设施的供需之间存在巨大缺口，与一些经济快速增长的发展中国家和地区相比，印度基础设施的落后是显而易见的。例如，根据现有的统计数据，在20世纪90年代，印度每百人发电量仅为920万千瓦，而日本为1.654亿千瓦，中国香港地区为1.54亿千瓦，韩国为6170万千瓦，泰国为2210万千瓦。

基础设施的缺口问题需要依靠公共和私人投资来解决。在世界各地，基础设施的总体投资趋势是，让私营企业参与进来。例如，在一些拉丁美洲国家，私营企业对基础设施的投资与国有企业一样多，有些地区甚至更多。增加对基础设施的公共投资，同时允许私营部门参与基础设施的发展，是未来的一项重要工作。

最后一个需要政策扶持的是建设民生保障设施。在全球化背景之下，印度面对竞争压力的应对能力，主要取决于提高劳动力生产效率的政策措施。可持续的经济增长与劳动力的生产效率息息相关，而反过来，劳动力的生产效率又与社会的营养水平、医疗条件、教育程度、技能培训及其他生活基本需求情况成正比。加大在物质和人力资本方面的投入，是全球众多成功案例的关键。在过去几十年的发展过程中，印度的整体生活水平得到了明显提高。要想继续保持全球竞争力，印度在新千年的重要优先政策之一就是要改善民生。

第三部分

21 世纪的印度

第十三章
汇率经济学[①]

　　亚洲金融危机爆发于20世纪90年代末。在此之前，关于汇率管理，人们普遍接受的理论观点是国家一般有两种选择：一是放弃本币的独立性，建立联系汇率制（Currency Board）；二是放弃稳定汇率的目标，允许汇率自由浮动，同时辅以相应的货币政策，有的放矢，控制通胀。2003年，汇率管理方式在亚洲金融危机爆发之后发生了转变。各国纷纷放弃了固定汇率机制的可能性，并在2003年形成了一种主流共识：只有灵活的浮动汇率制度才是实现可持续发展的唯一方法。只有这样，才有助于避免汇率危机的爆发。

　　至于汇率究竟应该灵活到何种程度，各国的意见和做法都不尽相同。或许，除了个别全球货币或储备货币，许多国家并不欢迎那种不加控制的、完全"自由的"浮动汇率制度。即便是欧元、美元这样的货币，如果涨跌波动得过于剧烈，也会引发最高领导的关注。2002年欧元的快速升值就是一个例证。

[①] 本章内容来自2003年8月14日，在第14届印度外汇协会全国大会上题为《汇率管理：正在形成的共识？》的讲话。

国际货币基金组织的专家研究表明，截至目前，包括发达工业国家在内的各国普遍采取的汇率制度并不是自由浮动的。大多数国家采取的是形式各异的中间汇率制度，例如有管制的浮动汇率制度。这些汇率制度并没有提前发布信息的机制，政府往往会出于稳定汇率、防止过度波动的目的，出手干预市场，制造出独立的汇率波动走势。总的来说，除少数国家之外，大部分国家都会对汇率波动加以"控制"，央行也会定期干预。工业国家也不例外。过去，美国、欧盟和英国都曾经在不同时期对汇率进行过干预。因此，尽管从纯理论的角度应该支持汇率的自由波动，但是本国货币的外部价值依然是大部分国家和央行持续关心的问题。

央行对外汇市场的不定期干预之所以是必要的，主要有两点原因。21世纪伊始，汇率管理发生的一个根本性变化，就是资金流动在决定汇率走势方面的重要作用。而在此之前，贸易赤字和经济增长是决定汇率的重要因素。虽然它们依然重要，但仅限于一定时期之内。如今，资金流动已成为决定每日汇率走势的主要因素。此外，与贸易项下的资金流动不同，每日资金流动的"总额"对汇率的影响，要比"轧差净额"的影响高出许多倍。此外，与外贸和经济增长相比，资金流动对其他国家的言论和动向更为敏感。因此，跟风波动也就在所难免了。

一谈到中间汇率制度，就必然会联想到另一个问题，即一国的外汇储备的需求，如果该国有相关需求的话。有人会提出，在自由的浮动汇率制度下，其实国家并不需要外汇储备。如果外汇的需求大于供给，则本国货币的汇率会随着时间的推移而出现贬值。如果外汇的供给大于需求，则本国货币的汇率会出现升值，直到供需达到平衡。然而，鉴于资本流动会引发汇率波动，而由此产生的对汇率走势的预期，又具有自我实现性，越来越多的人一致认为，新兴市场国家应该从政策层面做出规定，必须持有"足够"多的外汇储备。判断"足够程度"的方法也逐渐明晰。最初，外汇储备是否足够是根据每个月的进口额来判断的。有越来越多的人认为，外汇储备量至少应该能够覆盖由资本流动引起的"流动性风险"。然而，关于外汇储备的上限在哪里，并没有形成统一共识。即便在外汇储备已经达到了"足够"水平时，假如仍有资金持续大量流入，且央行为了控制本国货币的升值幅度，决定进行干预，那么外汇储备依然可能会保持增长势头。

总之，关于外汇市场的管理政策，讨论的焦点主要集中于一些广泛接受的观点。例如：（1）汇率应该是浮动的，而不是固定或与其他汇率挂钩的；（2）如果短期内市场波动过于剧烈，国家应该有能力对汇率进行一定程度的干预和管控；（3）外汇储备应足够应对资金流入流出的波动，抵御流动性风险。

此外，关于印度外汇市场管理方面，还有一些重要的现实问题，也成为媒体和专家评论的焦点。其中的热点之一就是经常项目可兑换问题，印度打算什么时候全面实施经常项目可兑换？印度已经放开了对资本账户交易的大量管制措施。事实上，从方便企业和个人的角度考虑，可以说，目前绝大多数交易都需要卢比是可兑换的。即便因为交易金额超过规定上限而需要额外审批，通常也会顺利获得主管部门的审批。印度政府和央行还宣布，将会继续推进这一自由化进程。从这个意义上讲，经常项目可兑换将继续成为所有与投资和商业相关交易的追求目标。并且，印度有望在不远的将来实现这一目标。

不过，仍有两方面问题需要印度格外注意：一是为了满足资金周转需求及其他国内需求，不加限制地审批短期外国商业贷款；二是允许国内居民根据汇市前景或汇率走势预期，将国内银行存款及闲置资产（如房产）自由兑换成外汇，且不加任何限制。

关于短期外国商业贷款，在国际上已经形成了一种共识，即新兴市场国家应该对这种贷款加以控制，使其在国家外债或储备总额中，保持相对较小的比例。20世纪90年代初的许多金融危机之所以发生，都是由于短期债务过多。在经济繁荣时期，这些贷款很容易获得。然而，当国外经济压力较大的时候，情况就会急转直下。所有能收回借款的债权人都会争先恐后地收回借款，进而造成国内的资金出现严重紧缺。这种情况必须极力避免。一直以来，不论经济形势是好是坏，印度都在采取规定短期贷款上限的措施。

至于居民国内资产可自由兑换的问题，就更为重要了，因为这牵涉"存量"资金与"流动"资金在决定外汇流动性风险时的不同影响。汇率的每日走势取决于外汇资金的流动，也就是说，取决于外汇市场即期交易或远期交易的供需关系。现在，假设汇率（无论因何种原因）出现了大幅贬值，并且在短期内还将继续保持贬值趋势，此外，假设国内居民根据汇市走势的判断，决定将自己手里的部分或全部存量国内资产从本币兑换为外币——从经济角度考虑，这样做是有道理的，因为本币存在着贬值预期——这意味着，以本币计算的资产价值将会增加。而如果在短期内，有大量居民都决定将本币兑换为外币，那么这种贬值预期就会自我实现。同时，一场外部危机也将不可避免。

以印度为例，印度的外汇储备量较高，汇率走势总体呈现有序波动。假设现在发生了某个风险事件，增加了外部不确定性，例如印巴卡吉尔冲突、博克兰核试验之后的国际制裁或更早的石油危机等。在这些特殊时期，印度的国内存款与外汇储备的比值，较平时的市场稳定时期提高了数倍。假如印度的国内居民全都在很短的时间内涌入附近的银行，争相将自己的大部分存款兑换成英镑、欧元或美元，那么可想而知，印度的外部形势将会发生怎样糟糕的变化。

没有哪个新兴市场国家的汇率体系能够承受这样的事故。虽然这种情况发生的可能性并不大，但是，在制定关于国内"存量"资产自由可兑换的长期政策时，必须要考虑到这一因素。顺便提一句，在发达工业国家中，银行、企业及其他单位在其资产组合中长期持有欧元、美元等国际货币，因此发生上述情况的可能性较小。至于新兴市场国家的货币，银行及其他金融机构一般只会持有一天的多头或空头头寸，以备外汇交易之需。

21世纪伊始，有关外汇储备的问题成为争论的焦点。众所周知，印度的外汇储备在过去几年中大幅增加，目前已经成为外汇储备量最大的发展中国家之一。在印度的国际收支表中，绝大部分科目都趋势向好，这显示了印度经济的竞争力在不断增强，也体现出国际社会对印度的发展潜力具有很强的信心。自独立以来，这是印度的决策者们第一次不再担心国际收支问题。许多人都认为，这是印度取得的一项巨大成就。

不过，专家还表达了两层担忧，一是额外的外汇储备所带来的"成本"问题；二是"套利"对吸引更多资金流入的影响。关于增加外汇储备的成本问题，必须指出的是，近期增加的大量外汇储备都属于与贷款无关的资金流入。同外汇储备的增速相比，印度包括海外印侨存款在内的外债总额的增长速度相对较慢，最近几年更是如此。事实上，印度在2002年就提前支付了30多亿美元的外债。此外，印度对于海外印侨存款及多项外汇贷款的利率定价，与现行的国际利率水平持平，或略低于国际水平。

在过去几年中，海外印侨的卢比存款利率一直与国内居民存款利率持平或更低。外国直接投资、证券投资或汇款等与贷款无关的外汇资金流入的本质属于商业性质，与任何其他形式的国内投资或居民汇款一样，既享受相同的收益，也承担包括汇率风险在内的各类风险。不论是增加外汇储备而导致的资金流入，还是进口增加或居民海外投资造成的资金流出，印度为上述资金流动所负担的成本其实是一样的。总而言之，从宏观经济学的角度来看，额外储备造成的"成本"问题，其实根本就不是问题。

长久以来，印度的利率水平一直远高于美国、欧洲、英国或日本等国的利率水平。这就为海外的流动资金持有者提供了"套利"空间。印度国内利率的上升，有可能带来短期资金流入的激增。不过，也有不少观点证明，在最近一段时间，"套利"似乎并不是影响海外印侨或国外实体决定汇出或投资的主要因素。这些观点主要涉及以下三个方面。

首先，2003年，海外印侨的卢比存款期限最短为一年，此类存款的利率上限为伦敦银行同业拆借利率（Libor）加2.5%。该利率水平与印度市场上的一年期美元远期升水情况基本相符（海外印侨的美元存款利率实际上要低于伦敦银行同业拆借利率）。

其次，2003年，除海外印侨存款之外，外国机构投资者（FIIs）对债券基金的投资总额上限为10亿美元。也就是说，外国机构投资者对纯债务基金（不包括股票与债券基金的混合投资）的套利空间被限制在10亿美元这个较低水平以内。

最后，不论在海外还是印度国内，流动证券产品的利率和收益率都相差很大，随着市场预期的转变，两者之差可以在短时间内发生巨大波动。值得注意的是，截至2003年7月末，美国10年期国债收益率升至4.4%左右，而印度的10年期国债收益率为5.6%。考虑到美元的远期升水和收益率波动等因素，投资者应该不会仅仅为了一点利差，而专门将大量资金转入印度国内，除非只是短期流入。

总体而言，外部资金流入印度，似乎并不是单纯为了套利这么简单，而是存在其他因素的激励。截至2002—2003财年的外汇储备数据也证实了这一观点。还有一点也必须指出，那就是不同发达工业国家的国内利率也存在很大差别。例如，日本的利率水平接近于零。英国的利率高于4%，而美国的利率大约为1.5%。然而，并没有证据表明，资本仅仅因为利差，就从美国流向了欧洲。在偏低的利率水平范围之内，资金流动受利差的影响较小，受经济增长及通胀前景的影响较大，在发达工业国家亦是如此。

在外汇储备不断增加的背景之下，专家们还提出了另一个建议，认为印度应该利用其外汇储备，加大投资力度，以进一步促进发展经济，而不是将外汇储备作为流动资产进行管理。有人还提出，对于一个发展中国家而言，越来越多的外资流入虽然增加了国家的外汇储备，但国家却并没有利用外汇存款来提高投资率，这种做法并不合理。

从原则上讲，这种说法不无道理。毫无疑问，在目前的情况下，国家应该尽最大努力提高投资水平，尤其是基础设施建设方面的投资。正因如此，印度央行最近已经在低通胀的经济形势之下，开始采取较为温和的利率政策。但与此同时，必须强调的一点是，在利用外汇储备进行投资方面，印度央行（或具体到印度政府）其实难有直接作为。在卢比的流动性方面，印度央行已经释放了等值的卢比，以供外汇持有者进行结汇。至于结汇的人打算拿兑换的卢比怎样投资，如何消费，或是存起来，完全取决于他们自己，印度央行也无法左右。

在外汇储备较高且不断增加、流动性持续宽松、利率保持在较低水平，同时美元走弱的背景之下，印度最为关心的一个问题就是：面对当前的经济环境，在汇率管理方面，印度的正确或合适的政策立场究竟是什么？在定期信贷政策公告及其他公告中，印度央行强调了其在汇率管理政策方面的几大支柱措施。这些措施具体包括：第一，央行不再对汇率设定任何固定"目标"，不再像过去一样，对汇率有所保护或追求；第二，在必要时，央行已做好准备，为了避免汇率的过度波动而采取市场干预措施；第三，央行在买入或卖出外汇时，将与多家银行进行交易，确保交易的分散和顺利完成；第四，市场操作和汇率走势原则上应以交易为本，而不应以投机为本。

平心而论，印度央行采取的汇率政策取得了非常好的实际效果，在亚洲金融危机之后更是如此。除外汇储备激增，外汇总体呈规律性小幅波动之外，印度国内和国外投资者对印度在外汇管理方面的相关政策都很有信心。2002年，国际货币基金组织对20个选定的工业发达国家和发展中国家开展了一项调查研究，称印度的政策"可以与全球最佳实践媲美"。有趣的是，一家全球主流新闻媒体在一本国际刊物上也表示，印度的外汇管理模式是亚洲国家的"理想"选择。印度是为数不多的获得了纽约联邦储蓄系统同意，建立了自己的美元卢比交易清算所的发展中国家。

不过，2003年，随着美元对多种主要货币出现贬值，卢比对美元缓慢升值。专家提出了一系列建议，也有人提议印度央行转变外汇政策，并提出了三种备选方案供其考虑，具体包括：

第一，一些著名经济学家提出了建议，认为印度央行应该允许卢比跟随市场趋势，自由升值。他们认为，印度的外汇储备已经处在高位，央行并没有进一步干预市场的理由。央行的购汇已经为国内市场制造了相当过剩的流动性，这并不利于市场的长期稳定。他们还认为，并没有证据表明，如果不对卢比升值或波动加以限制，就会影响印度的经济增长前景，或导致任何其他的宏观经济问题。

第二，也有许多人对此持相反观点。全印度工业协会明确表示，印度央行应该更加积极主动地干预市场，进一步遏制卢比升值。他们的理由是印度必须保持其全球"竞争力"，尤其是相对于中国的竞争优势。

第三，还有人认为，印度央行应该采取一种名为"计算波动率"的政策。这种观点认为，目前采取的控制汇率波动的政策，实际上为市场参与者提供了毫无风险的收益，因为在2002—2003财年中，市场一直都对卢比有着持续大幅升值的预期。因此，为了防止在此期间外汇资金流入过剩，央行应该允许汇率"突破"外汇交易员判断的目标值。从本质上讲，这种建议其实与（公开或非公开的）固定汇率政策一脉相承，只是波动幅度更大一些。

从理论上讲，以上每种备选方案都有其可取之处。但是，我们并不清楚，这些方案在真正实施之后，会不会引起汇市的大幅波动，会不会增加市场的不确定性，甚至造成更加严重的宏观经济问题，得不偿失。其中的两个备选方案都做了一种假设，即在初期的快速升值之后，当卢比的汇率到达了一定水平时，就会趋于稳定，或者触顶回落。更进一步的假设是，该汇率水平（不论具体是多少）要么是大家早就知道的，要么是一旦达到，就会被市场马上知道的。

印度央行的既往经验并未证明上述假设是对的。在历史上，卢比的汇率也有过波动较快、波幅较大的时期。然而，当卢比快速升值时，外汇资金流入并没有减少，外汇需求也没有增加，市场的实际反应与假设刚好相反。无独有偶，当汇率快速贬值时，市场的反应也是相反的。汇率的预期存在着内在趋势，而且往往还具有自我实现的特点。当然，汇率在到达一定水平之后，必然会调转方向。但如果"趋势"交易发生在不完全市场或市场走弱时，导致汇率水平与经济"基本面"完全不符，就有可能会造成汇市的剧烈震荡，并导致对汇率的高估或低估。对于树立市场对印度汇率体系的信心而言，这样的结果弊大于利。

第三个方案建议印度将汇率保持在现有水平，即便资金大量流入，也要遏制卢比的升值势头，这种做法不论从短期还是长期看，都是不可持续的。它其实是采用了一个有下限的"固定"汇率或准固定汇率制度。过去的经验表明，这样的汇率制度在一定时期内有可能效果不错，比如亚洲金融危机爆发之前，整体经济形势且资金流入情况都比较好时候。但是，当国内或外部经济发展出现不利情形时，这种制度就会面临巨大的压力。届时，放弃这种"固定"汇率（或有明确下限的汇率制度）就会变得势在必行。在压力之下，这种转变可能会引发经济出现极大震荡，并有可能持续很长时间。当这一过程结束之后，印度只能选择更加灵活的汇率制度，除此之外，别无他法。

回顾20世纪90年代，凡是受金融危机影响严重的国家，无一例外，全都采取了固定汇率或准固定汇率制度。这绝非简单的巧合。中国之所以能不一样，原因在于中国长期处于贸易顺差状态，同时国外直接投资的水平也很高。但是，对于其他贸易额和投资额都相对较低的新兴市场而言，中国这种成功经验是难以复制的。

一个国家希望保持自身的整体竞争实力，是无可厚非的。然而，在衡量一国的长期竞争力时，不仅需要考虑一揽子货币，还要考虑在相当长的时间内，主要贸易伙伴的汇率走势。今天，主要货币之间的汇率波动已经成为一种常态。对于所有留有外汇敞口的经济实体而言，通过"对冲"的方式对资产和负债进行合理风控，是十分重要的。

　　总而言之，上述针对目前汇率机制的备选方案的好处并不明确。现有机制绝对不是最理想的选择。然而，正如关于民主优势的老生常谈一样，它可能比所有备选方案都更适合长期发展。鉴于外汇交易行为和汇率市场的复杂性，以及经济政策目标的多样化，当风险事件爆发之后，那些"事前"的最优方案，很可能会变成"事后"的灾难。

第十四章
银行业的伦理道德

虽然银行业的伦理道德是一个相对较新的课题，但是在学术圈中，关于职业道德、公共政策和经济学等更广泛课题的研究文献已经非常多了，它们都传达了一条中心思想，那就是在评判道德与否时，需要结合具体情况而定，比如宏观经济和公共管理环境，或是政府采取的某项具体政策或操作规定等。在这些海量文献中，有三条结论是在任何情况下都成立的：

（1）在民主社会中，坚持"法治"是对道德行为的最低、最基本的要求；

（2）在不损害任何人利益的前提下，如果政策措施或决策可以增加一部分人的福祉，就可以被认定为是"道德"的；

（3）政府在制定公共政策时，应该为"最多的人争取最大的利益"。

将这些结论作为基本原则，是完全合理的。而有趣的是，即便是上述原则，在专治或非民主政权的国家中，却未必总是适用。想当年，印度的先辈为争取民族独立而奋力抗争时，就是这种情况。事实上，在印度民众的心中，真正合乎道义且对他们具有深远的启发意义的，恰恰是他们的非暴力不合作运动，而不是在英国人制定的法律之下的遵纪守法，比如圣雄甘地领导的盐行军，又称为"食盐进军"（Salt Satyagraha）或"甘地游行"（Dandi March）。

总体而言，在现实生活中，我们没有必要给道德找一个独一无二或放之四海而皆准的定义，尤其是在商业、银行或经济领域。面对两难抉择时，其实没人能回答，究竟哪一种选择是道德的。与此同时，虽然无法给"道德伦理"做出唯一定义，但我们很容易辨别某种特定的行为或做法是否道德。举个例子就能说明这一点。

众所周知，小额贷款或自助群体贷款的利率一般都要高于银行对借款人的直接贷款利率。同时，与正规银行相比，许多农民和穷人更容易从小额信贷机构获得贷款，这也是事实。自助群体贷款的利率之所以定得高一些，主要是因为这种交易的成本更高，银行为了接触到更广泛地区的客户，尤其是农村地区的客户，需要付出更多的成本。由于银行的大部分贷款都是为相对贫困的个人和企业准备的，因此，借款人之间是不存在大规模相互补贴的余地的。银行如果针对穷人定了更高的利率，是不道德的，但是针对自助群体贷款这种业务，银行设定较高的利率却并非不道德。精确地划分对与错的界线，显然是一个主观判断的问题，在不同的情况下，判断结果也不尽相同。

除了道德的定义问题，还有一点很重要，那就是，我们能不能撇开经济领域的其他部门，来孤立地谈银行业的伦理道德，或者再具体点，能不能撇开整个社会的道德准则来谈这个问题。换个问法，银行业的伦理道德，该不该与其他行业的道德规范有所区别，比如证券行业、私人企业或政府部门？举个例子，且不论如何定义麻袋生产过程中的不道德行为，假设确实存在某种不道德的行为，而且是被人们允许和接受的，那么为该生产活动提供资金的银行，究竟是道德还是不道德的呢？

从原则上讲，银行业的伦理道德和经济中的交易行为是有内在联系的。然而在现实中，要确定包括政治行为和各种经济行为哪些是道德的哪些是不道德的，难度实在太大。大多数国家的政治生活中，都存在着各种各样的引力和压力。就事论事，如果道德行为守则从根儿上就取决于政治因素，或取决于贸易和商业中的不同细分行业，那么国家所面临的，就是一个无法解决的问题。

那么，关于银行业的伦理道德，还有什么需要继续强调的吗？即便考虑了所有该考虑的因素，我们还是能够归纳出一些行为准则，以加强发展中国家银行业的伦理道德，尤其是那些拥有独立司法机关且政府很负责任的国家。

要想使包括银行业在内的企业经营行为更符合伦理道德，最重要的就是坚持与国际最佳实践相符的会计准则和审计准则，确保企业的财务状况得到全面披露。银行处理的是印度民众的钱，更应该做到这一点。银行是获得了经营执照、可以吸收公众存款的中介机构，而大部分银行的规模都不大。银行将存款借给其他用户和生产者，为其经营活动提供资金；反过来，这些经营活动不仅会给社会创造就业机会，还会对国家的整体经济增长做出贡献。银行的中介职能使其肩负了一种特殊的责任，必须保证储户资金的使用完全透明，同时确保资金安全。

2007年，美国和英国爆发的次贷危机表明，财务状况不公开不透明的情况并不局限于发展中国家。对于所有国家而言，定期回顾银行、审计和财会准则，确保银行部门严格履行对"资产负债表"科目等财务信息全面披露的义务，是至关重要的。

之所以要审查银行的财务披露和会计准则执行情况，主要是为了消除银行操作中普遍存在的过度保密行为，这种情况在许多国家中都存在。在印度，银行在披露借款人身份、违约情况、延期还款等信息时享受保护政策。1923年印度出台的《官方保密法》（Official Secrets Act）对这种行为给予了政策支持。该法案规定，印度政府部委给国营银行、监管机构和其他金融机构的指令不必进行公开披露。印度银行对个人贷款的借款人姓名和金额不予公布，违约者甚至可以继续享受保密条款的保护，这样的做法似乎并不合理。

进一步缩小保密条款范围的道理在于，确保银行的行为符合普遍接受的银行和监管准则，符合伦理道德规范——至少表面看起来符合。信息的公开披露，有助于确保银行在办理贷款及审批延期还款等业务时更加谨慎。所有这些操作不仅应该实现制度上的合理，还应该确保在公众的认知中也是合理的。

针对董事会在确保企业道德行为方面所承担的责任，英国修订了《公司法》（Companies Act），于2007年10月1日起生效。与美国2002年的《萨班斯－奥克斯利法案》（Sarbanes-Oxley Act）一样，英国《公司法》明确规定了公司董事负有以下七项法定义务：

（1）在规定职权范围内采取行动的义务；

（2）推动公司走向成功的义务；

（3）进行独立判断的义务；

（4）适度谨慎、发挥才干和勤勉工作的义务；

（5）避免利益冲突的义务；

（6）不接受他人直接或间接好处的义务；

（7）申明在提议的交易或协议中的相关权益的义务。

印度《公司法》或《合同法》的各种规定中，也包含了类似关于公司董事的行为准则。但是，在实践当中，这些原则通常没得到重视。董事的职责，一般仅限于管理层出台的文件规定。其实，最好将董事的独立职责和管理层的职责进行区分。这种做法与英国进行的修正案类似，非常有助于提高印度银行业的伦理道德水平及其对自身决策的责任心。

印度银行业的监督和管理素来有"政治决定结果"的特点，是一个比较困难且棘手的问题。在大多数发展中国家，许多人都坚信，银行和金融业务在发展的同时，应该发挥促进社会公平的作用，在发放贷款时，应该向相对贫困、经济不发达的社会阶层有所倾斜。在包括印度在内的一些国家中，政府明文规定了银行应该为贫困线以下的人群以及其他类型借款人提供的具体贷款数额。这些规定的初衷是为这些人群服务，印度公共管理人士代表的是他们的利益，有责任确保银行按照政府的要求，优先开展扶贫贷款业务。

这样做是很有意义的，必须予以重视，并作为一项民主措施，纳入发展中国家的问责机制。然而，在确保银行业务接受公众问责机制监督的同时，还要确保银行高级管理层或董事在进行决策时，不将政治立场作为首要的决策标准，这一点也同样重要。如果用目前选拔公务员的流程来选拔股东，就可以达到政治中立的效果。

在印度和其他一些国家中，公务员的任命通过公开考试选拔，这项考试由专门的独立机构专门负责组织，例如印度像联邦公共服务委员会（Union Public Service Commission）是公务员考试的主办机构。在印度国营银行选拔高级管理人员和董事人选时，有什么理由在公共管理者权限之内，不建立一个类似的选拔机制呢？印度可以召集有资质的专家成立一个独立的法定委员会，或者从现有委员会中挑选合适的人，来负责董事的选拔工作。选拔过程应该公开进行，同时做好宣传工作。至于私营银行及其他金融机构的董事选拔，印度政府最好不要以任何形式参与其中。

问题的关键在于，在问责制之下，金融的首要任务和银行政策可能是由政府管理层决定的，但是，政府领导不应该直接插手银行及其他金融机构的经营者在经营层面所做出的选择。在此过程中，虽然凡事都有例外，但也必须确保银行管理层和董事会在经营管理上是独立的，并且他们的任命不受政府人事变动的影响。

众所周知，印度通过立法赋予了公民不可剥夺的知情权，针对任何政府部门或机构的决定，公民都有权了解详情。2005年，印度颁布的《知情权法案》[Right to Information（RTI）Act]是政府向政务公开、接受公众监督迈出的重要一步。随着时间的推移，该法案加强了银行和其他经济部门对道德行为的问责。所有国家都有充分理由采取类似的措施，用法律手段保护公众的知情权，尤其是在那些政府在金融业务中发挥着重要作用的国家。

合同的神圣不可侵犯性和对消费者不满的安抚，是金融体系提倡从业者道德行为的重要组成部分。这就要求，司法系统能够对借款人或储户起诉的合同违约或投诉案件进行快速响应。不幸的是，在印度等许多国家中，虽然立法完善，但在司法判决方面却严重拖延，即便案情明显属于违约或违法行为，也需要拖很长时间。各级法院都积压了大量案件，连获得一审判决，也常常需要花十多年时间。近年来，国家采取了一些措施，鼓励诉讼双方通过调解来解决争端。然而，调解的办法在减少积压案件方面见效太慢。对于大多数普通人而言，拖延的正义不是正义，这一点无须多言。采取有效措施，减少司法听证过程的复杂流程，是金融及所有部门需要优先解决的问题。

最后，毫无疑问的是，从央行及其他监管机构的层面，建立一个有效且高效的监管体系，对于推动银行业的伦理道德至关重要。所有国家都有中央银行，有些国家还设立了额外的金融监管机构，专门承担监管职能。这些机构有责任确保银行的经营符合监管要求及规定，从而引导银行在为借款人和储户办理业务时，遵守伦理道德。在监管框架之下，各类规章制度及定期检查都是其必要的组成部分。但是，许多国家的监管体系都已不堪重负，官僚主义和随意处置的情况也较为严重。而一个处置随意且以检查为主的监管体系，反过来也助长了以权谋私、贪污腐败及其他渎职行为。与其依靠监管部门的检查，倒不如让银行管理层及其董事会直接对银行的合规操作进行把关。一方面开展银行自查，同时对董事会赋予保证银行业伦理道德的法定义务。这样一来，就能够避免将确保职业伦理道德的责任转嫁到其他机构或监管者身上。

在加强银行业伦理道德方面，印度还有很多工作要做，以上列出的只是一些宽泛的原则。这些措施都是切实可行的，就算非金融部门或各经济部门在采取类似措施时出现了问题，也不妨碍其在金融领域的应用。

第十五章
公共管理与社会治理

　　印度的经济、公共管理和社会治理不仅对其自身发展至关重要，而且鉴于2014年5月印度大选之后，印度中央政府的结构发生了根本性转变，这也成为一个极具现代意义的研究课题。自1989年以来，整整25年过去了，印度政府终于首次出现了执政党在议会下院占据多数席位的情况，同时政府还对保障民众利益、提供公共民生服务表现出了负责任的态度。1989年至2014年，印度历经九届政府，平均每届执政时间仅为两年半，其中有五届的执政时间尚不足一年。执政期间，政府掌握着配置资源、管理国企等重大权力，还决定着各邦之间的投资分配。对照印度所谓的"联合执政任务"，历届印度政府中没有一届能称得上是称职的。

　　无论从哪种标准衡量，印度都具备着巨大的发展潜力。与许多发展中国家不同的是，印度的国内储蓄水平很高，对国际援助和海外资金流入的依赖程度相对较低。印度自20世纪80年代以来逐渐开放了其国内经济，1991年之后经济自由化程度大幅提高。技术方面，印度能够以相对较低的成本获得全球先进技术和技能。与发展初期不同的是，目前印度的外汇储备足以在不寻求任何国际援助的情况下，应对可能出现的国际收支方面的任何压力。

印度虽然与以前相比拥有了更多的机会和更强的实力，但是在减轻贫困和提供最低社会保障方面，印度所付出的实际行动却并不足够。联合国开发计划署（UNDP）每年公布的人类发展指数（HDI）是衡量社会经济发展的国际权威指标。人类发展指数综合了人类发展的几个基本要素，包括预期寿命、受教育程度、生活和医疗水平等，是公认的比人均收入或人均GDP更好地反映社会发展程度的一项综合指标。

在2018年的人类发展指数排名中，印度在189个国家中排名130。换言之，在人类发展方面，印度的国家排名位列倒数三分之一。而如果以整体经济发展指标国内生产总值来衡量，印度在20世纪80年代以来的30年中，一直是都是全球发展最快的发展中国家之一。至于"金砖国家"（巴西、俄罗斯、印度、中国和南非）在人类发展指数中的排名，除了南非在"预期寿命"一项垫底，印度是其他所有项目中排名最差的。

印度于1991年实施的经济改革好评如潮，可为什么经济增长和人类发展之间会存在如此严重和持久的"脱节"呢？显而易见，经济增长和改革本身并不是目的。印度的发展目标是不论收入多寡，向各阶层人民提供人类发展的基本要素，尤其是营养、医疗和教育条件，而经济快速增长和经济改革都只是实现这一目标的"手段"而已。但一直以来，印度在改善民生方面的表现，不仅远远低于当年制定印度《宪法》的开国元勋们的期望，也体现出了印度政府高层和官僚体制的顽疾。

谈到经济改革，关于印度政府需要采取哪些措施，早就达成了广泛共识。印度政府高层也宣布了一系列配套改革方案，以提振投资者信心，促进经济增长。一些重要举措尚未全面落实，比如邦与邦之间的商品和服务税（GST）和土地改革。此外，一些为民生福祉新建的电站、道路等公共设施建设项目以及PMJDY普惠金融计划①，也正在建设和实施的过程中。这些已经提上议事日程的改革措施一旦落实到位，必定会促进印度经济增长，希望届时也能对减少贫困有所助益。最终，印度经济改革的主要任务是兑现政府的承诺。

在此背景之下，印度政府还急需对公共管理和社会治理方面存在的问题加以重视，通过改革措施，在发展经济的同时，帮助印度人民摆脱贫困并获得基本的公共服务，兑现政府承诺。在印度的公共管理和社会治理方面，有些发展却带来了意料之外的后果。当初印度在制定其《宪法》时，并没有预见到这一点。

从理论上讲，在印度的行政责任制之下，常设文职部门与政治领导部门的角色本该有明确的划分。印度政府的政策重点

---

① PMJDY普惠金融计划（Pradhan Mantri Jan-Dhan Yojana，PMJDY）由印度财政部金融服务司发起，于2014年8月28日启动，旨在人人可享受银行服务，为每家至少建立一个基本银行账户，并提供金融常识普及、信贷、保险和养老金等配套服务。——译者注

和工作计划是由政治家们制定的。而政府机关的职责是，确保所有获批的项目均按照现行法律和程序稳步落实，不卑不亢，无偏无私，造福大众，不论他们支持哪个政党。

年复一年，印度政府机关的职能一直在退化，虽然缓慢，但程度依然严重。无论是哪个印度政党上台，都倾向于将自己的心仪的候选人安插在敏感岗位，而这些官员们反过来又会对该政党领导人的意愿言听计从，不论其命令是好是坏，合不合法。由于人事调动十分频繁，印度政府机关自然越来越弱。更糟糕的是，现在印度政府官员不仅不独立于政治领导人或执政党，而且还听命于他们。

总体看来，在过去几年中，印度经济发展与公共管理和社会治理之间的脱节情况越来越严重。未来，印度面临的首要问题是，能否在接下来的数年中，解决印度发展过程中的两极分化问题，或者叫公私对立问题。值得注意的是，印度的经济复兴和增长动力主要来自印度私营企业、自治机构以及其国内外顶尖人才，而非来自其政府机关内部。

那么，印度是否能够通过采取措施，来解决两极分化问题，改善政治体制和政府体系的运作呢？尽管历任和现任印度政府均发表过鼓舞人心的声明，力争改善经济增长和社会治理现状，但印度必须采取有力措施，才能够充分发挥其作为新兴大国的潜力。下面简要总结几点重点工作：

（1）在政府的议会框架之内，首要工作是进一步减少政府在经济中发挥的政治作用，尤其是印度各部委、印度中央政府及地方政府对其国有企业产生的影响。私有化并非唯一答案。真正的问题在于，印度是否能够在政府与这些企业之间保持一定距离，换言之，印度能否通过选拔委员会，组织印度有史以来规模最大的自由和公平的选拔，或者由印度联邦公务员委员会（Union Public Service Commission，UPSC）公开组织国家公务员考试。

（2）根据印度《宪法》第245至第255条之规定，印度还需要改变联邦政府与各邦政府之间的权力分配。可以向各邦政府下放专属的经济权力，比如各项扶贫计划的落实和基础建设项目的实施等。

（3）关于印度政府为选举提供资金的问题，虽然曾多次讨论过，但至今仍然不被人们接受。问题在于，印度政府出资根本无助于根除腐败，鉴于选举的成本如此之高，缺乏资金已经成为印度政界和政府机关利用职权贪污腐败的重要借口。印度中央及各邦政府的财政预算高达数千亿卢比，即便从中拿出0.5%用于选举，也足够为既定的竞选活动提供充足的资金了，例如各选区之间往返路费，以及组织选民集会、发表竞选演说及政党会议等种种花销。

（4）最后，前面也提到过，公务员和国家部门在行政职能方面的权力也必须进行划分。当然，在赋予公务员更大权力的同时，也必须加强对其工作表现和职业道德的监督问责。

当然，要想应对未来的各种挑战，印度还需要做很多工作。当务之急是做好两方面工作。一是确保经济稳步增长，这一点至关重要，印度必须采取一切必要措施，确保GDP处于高速增长轨道。与此同时，实现高增长并不是最终目的。必须确保所有印度民众，尤其是社会中下层民众都能共享经济增长带来的好处。二是为了实现上述目标，印度应该进行全面改革。首要工作是提高中央和各邦政府部门的集体问责制，同时推行行政改革，将执行印度中央政府规划的权力下放给印度各邦，减少腐败，简化流程，让市民更方便地获得公共服务。只要印度有意愿和决心，就能发挥其作为全球新兴大国的全部潜力。印度是一个发展潜力巨大的国家，这一点是毋庸置疑的。

第十六章
繁荣的悖论

　　关于殖民时期印度经历的持续深度贫困情况，历史经济学家们已有详细记载。在19世纪下半叶和20世纪上半叶，印度因为贫困导致连年饥荒，造成了3000多万人死亡，流行病等疾病蔓延也屡见不鲜。到了印度独立时，印度人的平均预期寿命只有32岁。农村地区既没有供水系统，也没有供电系统。绝大多数印度人都没有机会上学，也找不到工作。在独立前的30年中（1911年至1941年），印度人均粮食供应量实际下降了29%。

　　自独立以来，印度的中央政府和各邦政府的首要任务就是加大基础民生设施建设，向全体印度人民，特别是穷人提供包括教育、医疗和营养健康在内的各项基本社会公共服务。多年来，各地纷纷建起了学校、基层医务所等基础民生设施，也推出了各种社会保障计划和扶贫方案。印度政府还根据过去的经验，不断改进这些民生建设方案，让其社会公共服务政策能够更好地满足穷人的需要。毫无疑问，印度自独立以后，穷人获得社会公共服务的情况得到了极大改善，普通印度人的生活水平较三四十年前有了大幅提高。然而，相关的实地调查研究依然暴露了这些社会公共服务方案在执行过程中存在的不足之处。尽管调查的统计数据并不完善，但依然得出了一个明显的结论，那就是印度贫困人口获得的社会公共服务，要比非贫困人口少得多。例如：

（1）尽管粮食产量提高了，印度公共分配制度（PDS）下的粮食供应也迅速普及，但没钱购买足够口粮的人口比例却保持不变，依然在50%左右。

（2）虽然印度公共分配制度确保了粮食供应，但其穷人购买得很少，在最为贫困的地区更是如此。

（3）父母没有上过学，家庭经济条件差，是印度儿童辍学的主要原因。因此，印度贫困人口的文盲比例依然大幅高于印度平均水平，包括城市平均水平和农村平均水平。在印度贫困地区的公立学校中，饮用水供应和教师人数等基本配备通常都是最差的。

（4）至于养老金等社会保障计划，也并没有将贫困因素纳入考虑范围之内，印度非贫困人口似乎比穷人受益更多。

（5）由于资源的缺乏，大多数印度社会公共服务计划并没有广泛推广，内容也并不完善，无法满足穷人的需要。此外，印度官僚机构的运作效率以及公务员与贫苦人民之间的社会地位差距，也进一步阻碍了社会公共服务计划的落实。

鉴于印度贫困人口的基数很大，印度如果不大幅增加社会公共服务经费，显然是无法为人们，尤其是穷人提供社会公共服务的。2012年至2016年，印度中央和各邦政府用于社会公共服务的财政支出一直保持在GDP的6%左右。此外，印度各项社会公共服务项目的落实效率依然有待提高。需要采取更多措施，有的放矢，同时精兵简政。不过，上述措施也无助于改变目前印度社会保障缺乏的基本面貌，除非这些社会公共服务项目可以覆盖更广泛的地区。当社会公共服务稀缺且免费时，它们很可能被非贫困人口优先占用。

除了增加社会公共服务经费以及减少财政赤字，在相关机构为穷人提供社会公共服务时，印度还应注意三项一般原则。第一项原则是社会公共服务应该"优先"照顾穷人。在大多数发展中国家，越是稀缺的资源，越是更多地用在了为少数人提供服务上。例如，在印度等国家，花在高等教育上的经费，要远远高于初等教育的经费。同样，印度政府对开办专科医院所投入的资源，也比为成百上千万的穷人提供维生素和矿物质等基本营养的投入多。所有国家都需要开展高等教育、治疗专科疾病的设施，这些设施的建设理应得到国家的支持。但是问题在于，当少数人和多数人一起竞争国家资源时，国家的投入比例应该以多少为合理？如果政府将补贴全部都花在为少数人提供昂贵服务上，显然是不公平的。原则上，应该鼓励所有由国家建设的基础民生设施，通过收费的方式（对无力支付的人可适当免除），覆盖自己的部分营业支出。无论如何，政府补贴应该是清晰透明的。这些补贴应该按人均统计，并定期对外公布。

第二项原则是所有公共服务，包括那些专门为穷人提供的服务，都应该进行合理收费。当然，在受益人无力支付的情况下，这些服务费可以适当免除。有证据表明，在民生设施充足的条件下，那些付得起钱的人，还是愿意购买这些收费机构所提供的民生服务的。通过这样一种方式，既可以帮助机构回笼部分成本，也有助于机构在提高服务质量的同时，兼顾穷人的需求和利益。目前，在某些工业化国家和发展中国家中，还存在另一种向穷人发放"代金券"的替代方案。穷人可以用这些"代金券"，去愿意接受这些券的公立或私立的社会服务机构进行消费。政府鼓励这些机构通过收费的方式覆盖成本，但是，这些机构也必须通过提高服务质量来争取客户。由于"代金券"的发放对象仅限贫困家庭，政府也因此而降低了在社会公共服务方面的补贴经费。

第三项原则是印度政府应该让当地的非政府组织（NGOs）参与到向穷人提供基本服务的落实过程中来。目前，已有大量国际经验表明，非政府组织的参与提高了公共服务的普及程度和质量，这其中，也包括来自印度的经验。在许多领域中，非政府组织都十分活跃，尤其是教育行业。其中有一部分机构由于其出色的表现和成效，获得了很高的国际声誉，包括一些医疗领域的机构。非政府组织参与提供基本服务的最大优势在于，它们的积极性很高，完全可以在发放物资和提供服务的过程中，取代那些对穷人漠不关心的公务员。印度中央政府和各邦政府最好尽可能地通过当地的非政府组织来完成服务落实工作。非政府组织也要定期完成财务和业绩审计，并对外公布结果。

　　粮食、教育和医疗是三个最具社会效益和经济意义的领域，印度政府需要优先予以扶持。下面，本文将对这方面问题，进行简要论述。

粮食供应现状

　　从经济学的角度来看，粮食供应是否足够是一个关系到生存的问题。粮食的供应和价格与印度的贫困问题直接相关。穷人的大部分收入都花在粮食上，粮食的价格波动，会立刻影响印度的贫困率。此外，粮食还是决定一国通货膨胀情况的主要因素，在消费者物价指数（CPI）中的权重高达46%。由于政府公务员、公共部门员工以及私营企业员工的工资全部都与CPI挂钩，因此，粮食的价格走势也直接影响着印度的宏观经济前景。鉴于上述原因，自20世纪60年代中期以来，农业生产的自给自足，以及对粮食市场进行积极干预，一直都是印度农业政策的重要内容。

　　在保障粮食安全方面，粮食分配与粮食生产同样重要。在1965—1966财年、1973年、1979年和1987年等大旱灾年，尽管粮食减产严重，但印度通过有效的粮食分配措施，成功避免了饥荒的出现。在粮食总体匮乏的情况下，分配措施得当，确保了印度灾区人民依然能够得到粮食。此外，以平价商店和国家粮食收购为依托的印度公共分配制度，也在确保粮食安全上发挥了至关重要的作用。

有人指出，印度公共分配制度主要局限于城市地区，这种批评不无道理。除某些紧急情况或旱灾之外，农村地区的穷人在购买粮食时，更多地依赖于私人市场。印度农村市场的粮价往往较高，加上政府采购，更增加了粮价的压力。近年来，印度政府致力于改进公共分配制度，将其覆盖范围扩大到更多的村镇、山区及干旱地区。这些举措纠正了印度公共分配制度过于集中于城市地区的问题，但是，其覆盖程度依然存在不平均的现象。在印度贫困较为集中的几个邦中，穷人们能够享受公共分配制度消费的比例依然很低。

在可以预见的未来，在印度粮食生产对季风的依赖进一步降低之前，印度还需要继续大量储存粮食。然而，鉴于近年来储备成本及其他指标发生的变化，印度政府有充分理由大幅降低粮食储备缓冲库存的平均水平。近年来，印度粮食采购、分配和储存的成本都出现了显著提高，利息成本的提高是原因之一，还有一部分原因在于，印度政府进行的大规模粮食供应存在着"不经济"的情况。随着粮食采购价格越来越有吸引力，秋收之后，大量的粮食马上就被运到了公共机构中，销售高峰持续得越来越短，市场到货也越来越集中。

最近，印度外汇储备逐步增加，是印度另一项重要进展。这使得印度能够在必要时，从国外进口粮食，不必再依赖于其他国家或国际机构的援助。印度应该探索签订长期期权合约的可能性，以确保未来能够按照约定方案，以一定的价格购买一定数量的粮食。这些期权合约本身也应该是可交易的。这样一来，印度就可以根据国内粮食产量的情况，来决定将来到底需要进口还是出口。

全民教育

在研究20世纪五六十年代印度发展的相关文献中，普遍忽视了教育和人员培训对经济增长的刺激作用。大家都认为，实际的资金才是经济增长的关键，在那些鼓励通过建立工厂、生产设备来积累资本的国家中，经济发展应该也会更快一些。

相比之下，最近的理论和实证研究认为，影响发展中国家经济表现差异的首要因素是教育和文化程度，尤其是妇女的受教育程度。跨国比较研究表明，一国的经济增长在很大程度上归功于劳动力教育水平的提高。虽然教育影响经济增长的方式有很多种不同的解释，但人们普遍认为，教育具备十分重要的外部性，不仅能够提升劳动生产率，还能提高整体经济的技术革新率。

印度在独立之初，仅有12%的成人受过教育，仅有三分之一的儿童在上学。从那之后，印度开始大力普及基础教育，大幅提高了其国民的文化水平。印度受教育人口比例从1951年的18.33%相继上升到了1991年的52.21%和2011年人口普查统计的74.04%。与最初的低起点相比，这已经是很大的进步了。随着平均文化水平的提高，印度成年人和父母的文盲比例明显下降，教育普及的阻力变得更小了，印度农村地区的入学情况得到了明显改善。目前，有近95%的印度农村人口可以步行就近入学。

穷人的医疗服务

从公共政策的角度看，医疗公平是医疗服务最重要的问题。在贫穷的发展中国家，医疗服务方面存在着穷人看病难、人均费用高、资源严重不足等弊端，让穷人能够公平地享受政府资助的医疗设施和服务，就变得格外重要。从大多数发展中国家的经验来看，公共医疗服务往往局限于城市地区的富裕人群。同样，大部分发展中国家都倾向于将更多的资金投入到提供治疗服务且床位有限的昂贵医院上，而不是投入到为大多数穷人预防疾病上。而将资金用来预防疾病，才是更具成本效益的做法，因为疾病预防的人均费用一般都很低。

对公共医疗投入足够的资金是完全有必要的，但仅靠资金投入，依然无法解决穷人看病难的问题。印度的医疗服务机构和组织结构存在着大量问题，不胜枚举，其中有些问题，在印度这样一个幅员辽阔、充满多样性的国家中是不可避免的。在印度，生活贫困、无学可上、农村缺乏基础设施的情况随处可见，很少有训练有素的医务人员愿意去农村工作。这种种不利因素，对提供成本效益好、高质量的医疗公共服务构成了严重阻碍。不过，根据过去大规模社会服务的组织经验，有些问题还是有解决办法的。

目前，亟待实施且最重要的组织改革，就是将医疗服务落地的职责由印度中央政府下放给地方机构。职责下放，有助于提高医疗服务效率，改善当地卫生条件，满足当地人民看病需求，这项措施将成为最重要且最具潜力的改革推动力。在印度的某些邦中，虽然印度中央政府已经下放给地方机构相当大的权力，负责管理公共服务并执行国家方案，但实际上地方机构并没有控制财务的权力（少数大城市除外）。各邦政府给当地政府的项目拨款也很有限。在这些拨款中，大部分资金都用于支付固定开支等特定用途，例如支付人员工资等。

由印度中央政府掌控财权，不仅是阻碍各地医疗服务因地制宜、满足当地需求的一个主要因素，也是造成服务延迟和效率低下的一个主要原因。因为就算是对药品或医疗服务进行一点点微调，也需要经过印度各邦政府部门的层层审批。印度中央政府应该将财权下放，并提出明确的审计要求，同时进行绩效监测，这既有助于大幅提升印度农村地区的医疗服务水平，又有利于加强地方机构的责任心。印度政府应该善用非政府组织，鼓励社区积极参与到医疗服务工作中。经验表明，本地非政府组织的参与，可以有效提高人们对医疗服务项目的了解程度，还有助于提升本地医疗机构的责任心。

总而言之，在改善人民的社会经济福利方面，印度并没有实现五年发展规划中所设定的目标，也落后于发展中国家的整体平均水平。经济快速发展的发展中国家当然在改善民生方面做得很好，几乎彻底消灭了文盲现象，大大降低了婴儿死亡率和营养不良。而在为穷人提供更广泛的社会基本服务方面，印度受到了行政效率低下和财政紧缩的掣肘。鉴于印度政府债务负担和行政开支的增加，可用于改善社会福利的经费受到了限制。如果印度政府的财政预算不优先考虑并转向社会服务部门，那么印度的社会经济指标将难有起色。如果印度政府继续向那些已经破产的社会服务机构提供不必要的补贴，不论从社会角度还是经济角度考虑，都是不合理的。在社会基本服务方面，穷人的处境要比富人悲惨得多。经济的高速发展，应该助力公共资源越来越多地投资于社会服务板块。此外，与其他一些发展中国家相似，在印度某些邦和地区中，随着家庭人均收入的提高，小学入学率和基础医疗需求也出现了同步增长。由于一些国家政策执行得更加到位，加之上述需求侧的效应也部分说明了，为什么它们在民生发展方面做得比印度更好。

第十七章
展望未来

　　2019年5月，印度议会下院进行了选举，本书英文版也正在印刷当中。上届印度政府在大选中以多数席位胜出，并将在接下来的五年（2019—2024年）中继续连任。在首届任期中，印度政府启动了一系列重要改革，其中包括商品和服务税改革——虽然推行过程中出现了一些小插曲，但依然是印度经济史上最重要的改革之一。此外，印度政府还采取了多项积极措施，例如通过直接利益转移计划（DBT）向穷人发放补贴，大幅增加对基础设施的财政投入，吸引外国直接投资流入，推进劳动力改革，发起"数字印度"倡议等。2019年5月选举之前，印度政府还要求各部门制订"百日计划"，列出能够在未来3个月中实施的所有建议和改革。选举结束不久，印度政府就公布了一长串政策措施，其中包括指示多个部门着手对其国营银行进行合并。

　　在接下来的几个月中，检查印度各邦和地方政府对上述计划的实际执行情况，是政府连任后的重要工作之一。在经济领域，确保在无组织及有组织行业增加就业机会，刺激经济增长，是工作的重中之重；此外，还应缩短2016年印度《破产法典》（Insolvency and Bankruptcy Code）相关政策的落实时限，尽快改善金融体系的运转情况。

在经济方面，还有一些其他问题也需要印度政府尽早干预。过去几个月中，印度出口停滞不前和制造业增长乏力等问题，需要尽快得到解决。此外，与农业相关的问题也需要得到印度政府的重视，其中最重要的就是如何解决不断增长的贸易顺差限制农民增收的问题。2019年5月，印度的劳动力失业率超过了7%，比过去几十年的平均失业率还要高。

还有一些涉及长期改革的问题，也可以在未来几个月中考虑启动。这些改革要完全见效，可能需要花上两三年的时间。在处理长期问题时，印度现在具备一个很大的优势，因为印度的经济基础非常强，而目前的经济形势比过去30年中任何时期都要好。展望未来，要想充分发挥印度的经济潜力，在简化行政审批流程的同时，减少参与许可审批各层级行政机构的数量，也是印度改革的重要内容之一。2019年5月，即便是建设一个中等规模的工厂，也需要到印度中央政府和地方政府办理至少30个不同的许可证才行。

印度新政府还在选举结束之后宣布，将通过企业和公共机构，推出一项改善"经商便利度"的举措。这是一项积极倡议，但光喊口号还不够。正如前文几章所提到的，印度政府需要尽早处理与公共管理和社会治理相关的多个问题。在此，我将重点列出其中的几项。首先，印度政府机关需要精兵简政，大幅精简行政审批流程。除了个别领域需要制定严格的审批时间表（例如与森林和环境相关的许可证），其他领域的审批最好减少繁文缛节，提倡"自我证明"。印度政府可以制定标准和规范（例如污染和消防等相关规定），相关单位须向相关领域最高管理机关"自我证明"，已经按照规定的流程，达到了这些标准和规范。印度政府部门可以进行随机进行检查，对于明显违规行为，可适当追究刑事责任。一些印度地区已经尝试了对外汇交易等事项进行流程的简化，并取得了成功。

另一个与之相关的问题，是印度中央政府和各邦政府决策过程的透明度问题。2015年颁布的印度《知情权法案》（RTI Act），是印度向决策过程公开透明迈出的重要一步。此后，相关新规要求所有印度政府部门主动向大众公布其所有决策信息（当然，与国家安全相关的信息除外），则是更进了一步。假如印度政府部门能够做到这一点，自由媒体和民间组织就可以充当对印度政府决策过程进行有效问责的一支制约力量。

从公共服务管理的国际经验来看，如果在这些公共服务项目的落实过程中，能够明确所有人（政府）和执行人（非政府组织和当地企业）之间的职责划分，就能够以更低的成本，收到更好的效果。在这种情况下，政府仍然负有对这些项目的管理和监督职责，在必要时，还需要为项目提供经费补贴，并制定指导分配方案。

关于重新定义政府在经济中发挥的作用，上述建议并不详尽，也不一定永远适用。印度政府应该时常审视自己在经济中发挥的作用，并根据印度人民的整体利益需求，不断与时俱进。

印度政府的另一个当务之急，就是重新界定政府在经济中的主要作用。这不是一件容易的事情。因为为了减轻贫困，加速印度的经济增长，印度政府对推进政治经济改革负有直接责任。尽管印度政府已经采取了一些重要举措，在一定程度上放开了印度国内生产和国际贸易，但印度仍旧是全球管制得最严的经济体之一。事实上，虽然印度推行了经济自由化，但政府（包括邦政府）在各经济领域中发挥的作用其实是越来越大的。

在宏观经济层面，印度政府应该充分发挥各部门的政治职能，打造一个稳定而有竞争力的经济环境，增强印度对外竞争实力以及国内行政体系的透明度。另外，应该重新定义政府在经济领域的直接职能，确保印度人民能够广泛享受到社会公共服务（例如修路和饮用水供应）和基本民生服务（例如医疗和教育）。在上述领域中，印度政府的作用必须大幅增强。与此同时，在管理商企方面，印度政府的作用则应该相应降低。

　　以上是为这届连任的印度政府提供的一个相对简单的议事清单。当然，印度作为一个快速成长的发展中国家，要想充分发挥出自身的经济潜力，还可以采取更多的措施。如果在未来3—4年中，印度关于经济和治理结构的改革可以顺利启动，印度的经济增速和扶贫表现一定会随着时间的推移明显提高。